D1673141

Otto Wassermann · Das intelligente Unternehmen

Das intelligente Unternehmen

Mit dem Y-Management gewinnen

Otto Wassermann

2., überarbeitete und erweiterte Auflage

Die Deutsche Bibliothek – CIP-Einheitsaufnahme

Wassermann, Otto:
Das intelligente Unternehmen : mit dem Y-Management
gewinnen / Otto Wassermann.
– 2., überarb. und erw. Aufl. – Düsseldorf: VDI Verl. 1996
   ISBN 3-18-401578-5

Printed in Germany
Druck und Verarbeitung: Boss-Druck, Kleve

ISBN 3-18-401578-5

Vorwort

Für wen habe ich dieses Buch geschrieben?

Dieses Buch wendet sich an alle intelligenten, mutigen und junggebliebenen Menschen, die der *'Illusion des status quo'* entfliehen wollen und neue Wege suchen.

Dieses Buch ist also geschrieben für Menschen, die neugierig fragen, was sie mit neuen Ideen alles machen können.

Dieses Buch wendet sich an jeden, der künftige Unternehmensorganisationen mitgestalten will oder es bereits tut. An Unternehmer und all diejenigen, die in führenden Positionen der Industrie Verantwortung tragen.

Es wendet sich an jeden, der daran intessiert ist, wie sich die gewaltigen Ertragspotentiale nutzen lassen, die in unseren Industrieunternehmen, aber nicht nur in diesen, schlummern.

Das Buch zeigt, wie neue, der reinen Logik folgende Ideen praktisch umgesetzt und die gesamte Unternehmensorganisation auf eine konsequent markt- und ertragsorientierte Leistungserbringung ausgerichtet werden kann.

Jede beschriebene Idee ist in der Praxis so oft erfolgreich realisiert, daß ihr Funktionieren gesichert ist. Dieses Buch setzt allerdings Ihre Bereitschaft voraus, unvoreingenommen neue, erprobte Lösungswege auf sich wirken zu lassen. Sollten Sie dabei z. B. wegen der zunächst unglaublich erscheinenden Wirkungen einfacher Maßnahmen in Zweifel geraten, prüfen Sie mit der reinen Logik, ob Sie einen Bruch in der geschilderten Logik finden. Das wird Ihnen nicht gelingen. Aber Achtung! Unsere Paradigmen - das was wir gewohnt sind zu denken - versuchen uns daran zu hindern, Neues interessiert aufzunehmen.

Sie sind mir bis hierher gefolgt. Neugierig? Ich mache Ihnen folgenden Vorschlag:

Um Ihnen das, worum es hier geht, so plastisch wie möglich vor Augen zu führen, erlaube ich mir, Sie, meinen inzwischen geschätzten Leser, weiterhin direkt mit 'Sie' anzusprechen. Bitte versetzten Sie sich dazu in die Lage einer Führungskraft, die für den Ertrag eines Industrieunternehmens verantwortlich ist:

Sie stehen inmitten eines sich fortwährend beschleunigenden Veränderungsprozesses. Vieles von dem, was gestern noch als unumstößlich galt, erweist sich heute als überholt, oft sogar als falsch. Denken Sie etwa an die hochintegrierten, äußerst komplexen und in der betriebswirtschaftlichen Logik längst überholten EDV-gestützten Produktionsplanungs- und Steuerungssysteme (PPS).

Die Fähigkeit, sich auf Veränderungen oder neue Bedingungen einzustellen, nennt man Intelligenz. Im Wettbewerb gehört jenem Unternehmen die Zukunft, das sich intelligent verhält, also schnell auf die Anforderungen der Kunden eingehen und flexibel auf die Chancen des Marktes reagieren kann.

Dieses Buch wird Ihnen bei der Verfolgung Ihrer Unternehmensziele äußerst hilfreich sein. Denn es beschreibt konkret, wie Sie:

- Nahezu alle Ertragsreserven in Ihrem Unternehmen identifizieren und wie Sie diese ausschöpfen können.

- Ihren Kunden kürzere Lieferzeiten anbieten als die Wettbewerber.

- Das entwickeln und verkaufen, was Ihnen den meisten Ertrag bringt.

- Zuverlässige Liefertermine nennen und einhalten, um so Termintreue zu einem Qualitätsmerkmal Ihres Unternehmens zu machen.

- Ihre Aufbauorganisation auf die notwendige Betreuungs-Hierarchie reduzieren.

- Die Höhe Ihrer Vorräte selbst bestimmen und sicher sein können, daß sie auf niedrigem Niveau realisiert wird.

- Kürzeste Verweilzeiten der Aufträge und Vorräte in Ihrem Unternehmen erreichen.

- Ihre Führungskräfte von der Jagd nach Terminen und Fehlteilen befreien.

- Die Innovationskraft Ihrer Wertschöpfer nutzen, indem Sie ihnen die Möglichkeit geben, ihr Ideenpotential frei zu entfalten.

- Wie Sie Ihre Gemeinkosten dauerhaft - der bekannten 'Gemeinkosten-Wert-analyse' weit überlegen - und permanent absenken können und

- wie Sie zu einer Software-Landschaft finden, die ihre Kosten wert ist und Sie im Wettbewerb flexibel hält.

Noch einmal! Alle in diesem Buch dokumentierten Empfehlungen basieren auf praktischen Erfahrungen aus Projekten, die wir in zahlreichen Industrie-unternehmen mit deren aufgeschlossenen Menschen realisiert haben.

Dieses Buch soll Mut machen, alte Zöpfe abzuschneiden und neuen Ideen eine Chance zu geben. Die darin beschriebene Philosophie richtet sich

gegen die geistige Tyrannei des Status quo

in den Unternehmen. Gegen die Reichsbedenkenträger und notorischen Ideen-Killer.

Unser in Wirtschaftsfragen nicht unerfahrener 'Alt'-Bundespräsident Richard von Weizsäcker hat die *Illusion des Status quo* als eine der größten Gefahren für unsere Volkswirtschaft bezeichnet.

Wenn wir dagegen suboptimierendes Ressortdenken ausschalten, lähmende Hierarchien abflachen, Ressortschranken einreißen und alles, was wir für unsere Kunden tun dürfen als durchgängige Prozesse verstehen und 'gekonnt gestalten', dann stellen sich Erfolge ein, die oft genug für unmöglich gehalten werden. So einfach ist das. Nur auf das 'gekonnt gestalten' müssen wir uns konzentrieren.

Wir haben die in diesem Buch vorgestellten Lösungswege seit 1984 entwickelt und in der Praxis realisiert, und zwar für produzierende Unternehmen. Obwohl die meisten Anwendungen in der Metallindustrie inkl. Maschinenbau, der Elektro-, Konsumgüter- und der KFZ-Zulieferindustrie realisiert wurden, bestätigen unsere Erfahrungen die generelle Gültigkeit unserer Philosophie für Einzel-, Varianten-, Serien- und Massenfertiger.

Inzwischen wissen wir, daß diese Philosophie auch in anderen Branchen - wie z. B. der Dienstleistung - gut funktioniert. Voraussetzung ist lediglich, daß der von Ihrem Unternehmen für Ihren Kunden zu erbringende Leistungsprozeß beschreibbar ist.

Viele Klienten und Mitarbeiter unseres Unternehmens, der 'Wassermann Unternehmensberatung AG', haben mit ihrer Begeistungsfähigkeit, ihrem Mut und ihrer Energie dazu beigetragen, die in diesem Buch beschriebene Philosophie mit erstaunlichen Erfolgen zu realisieren.

Ihnen allen danke ich sehr. Sie haben mir geholfen zu beweisen, daß es sich lohnt, diesen unserer Kultur entsprechenden Weg der reinen Logik zu gehen.

Diesem Vorwort folgt eine Kurzfassung des Buch-Inhaltes für den eiligen Leser. Zur Vertiefung der einzelnen Themen finden Sie über das Inhaltsverzeichnis sofort jenes Kapitel, in dem Sie sich detailliert informieren können. Um dieses Vorgehen zu ermöglichen, wird der chronologisch studierende Leser bei entscheidenden Punkten auf gewollte Redundanzen stoßen.

Damit Sie den größtmöglichen Nutzen aus diesem Buch ziehen, bitte ich Sie, alle Vorurteile beiseite zu legen, einschlägige Erfahrungen zu vergessen und alles negative Denken aus Ihrem Kopf zu verbannen.

Dann werden Sie viel Freude an diesem Buch haben und ganz sicher viele wertvolle Anregungen daraus gewinnen.

München, im Oktober 1996   *Otto Wassermann*

Inhaltsverzeichnis

Kurzfassung für den eiligen Leser

In diesem Buch ist ein einfacher Weg beschrieben, wie Industrieunternehmen innerhalb weniger Monate deutlich höhere Erträge erwirtschaften können.

Diesen Weg sind bisher mehr als 60 Industrieunternehmen (mit einem Umsatzvolumen zwischen 10 und 800 Millionen DM) gegangen. Sie erzielten dabei bereits innerhalb des ersten halben Jahres Ertragsverbesserungen, die von den beteiligten Unternehmensführern vorher nicht für möglich gehalten wurden.

1.   Ertragspotential Leistungsprozeß

Mit dem Begriff LEISTUNGSPROZESS meinen wir den Auftrags- und Vorratsdurchlauf im Unternehmen. Schematisch haben wir diese beiden Prozesse als Ypsilon in der Abbildung 1 dargestellt:

- Der Lange Y-Schenkel stellt den Materialfluß dar und

- das „V" im oberen Y steht für den Durchlauf der Kundenaufträge.

Stellen Sie sich bitte jetzt dieses Ypsilon wie eine längs aufgeschnittene Pipeline vor (Abb. 2, rechtes Bild). Sie erkennen, daß diese Pipeline aus einem durchgängig glatten Rohr besteht, also keine Engpässe und auch keine Ausbuchtungen – unnötig große Durchmesser – kennt wie das linke Ypsilon.

Die Durchflüsse – im übertragenen Sinn unsere Kundenaufträge und Materialien – können im rechten Ypsilon ungehindert und schnell durch das Unternehmen fließen.

1.1   Eine richtig ertragsstarke Vision

Stellen Sie sich vor, es würde Ihnen gelingen, in Ihrem Unternehmen – analog zur Pipeline – alle für den Leistungsprozeß notwendigen Ressourcen (Menschen, Maschinen, Material, ...) für die relevante Zukunft so zu dimensionieren, daß es in Ihrem Unternehmen keine Engpässe und Überkapazitäten mehr geben kann.

Was würden die programmierten Konsequenzen sein? Überlegen Sie genau und schauen Sie sich dazu die Abbildung 2 noch einmal an.

Die Rückstände verschwinden

Sobald es keine Engpässe mehr gibt, verschwinden die Rückstände, die Klötze an den Beinen Ihres Unternehmens. Das in den Rückständen gebundene Kapital in Vorräten – durchschnittlich ein Drittel aller Vorräte – wird Umsatz, Ihre Kapitalbindung sinkt um dieses Drittel.

Die Termintreue steigt praktisch auf 100 %

So erreicht das PM systembedingt das immer ertragsstärker und schneller

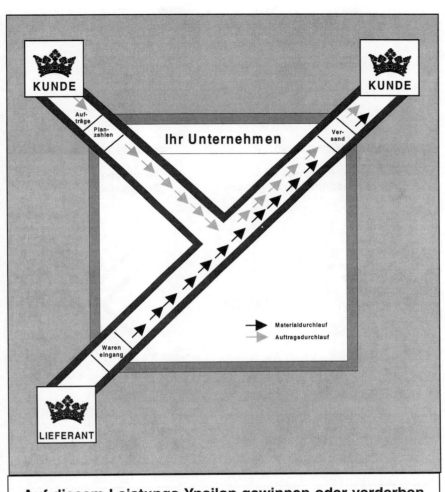

Auf diesem Leistungs-Ypsilon gewinnen oder verderben Unternehmen ihren Erfolg!

Abb. 1:   Der ertragsrelevante Leistungsprozeß

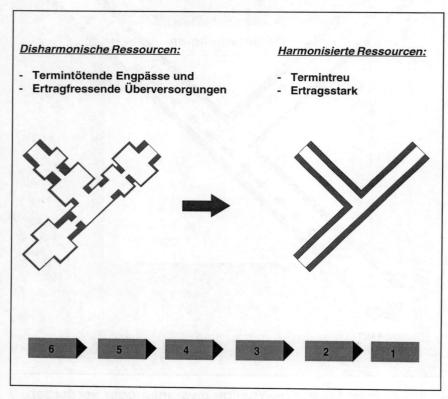

Abb. 2:   Der Weg zum harmonisierten Leistungsprozeß

Ihre Mitarbeiter arbeiten systembedingt termintreu. Denn für jeden Arbeitsplatz ist vorlaufend sichergestellt, daß die von ihm benötigten Kapazitäten, Materialien usw. zu seinen Bedarfsterminen verfügbar sein werden.

Der Steuerungsaufwand sinkt nachhaltig

Es ist viel weniger aufwendig, vorlaufend Engpässe zu beseitigen, als sich mit den Folgen bereits eingetretener Engpässe (Rückstände) herzumzuschlagen.

Kundentermine sind Ihre einzige Priorität

Es gibt dann keine Priorität außer den zugesagten Lieferterminen an Ihre Kunden. *Denn:* Werden drohende Engpässe und Fehlteile beseitigt bevor sie auftreten, sind Prioritäten überflüssig.

Die Produktivität macht einen Satz nach oben

Die Produktivität steigt um einen deutlich zweistelligen Prozentsatz, weil störungsarm hergestellt werden kann. Niemand muß mehr Teilen, Werkzeugen, Zeichnungen usw. hinterherlaufen.

Die Teilschritte zur Leistungserbringung sind synchronisiert

Jeder Arbeitsplatz liefert dem nächsten termingerecht zu. So sind die Arbeitsplätze im Leistungsprozeß untereinander synchronisiert. Termintreu liefern sie sich gegenseitig im Kunden-/Lieferantenverhältnis zu.

Chance viel kürzerer Durchlaufzeiten

Wenn alle Stellen termintreu sind, brauchen Sie viel weniger Puffer- und Sicherheitszeiten. Wußten Sie, daß weniger als 5 % der Durchlaufzeiten von Vorräten und Kundenaufträgen in Ihrem Unternehmen an diesen gearbeitet wird? Mehr als 95 % der Arbeitszeit liegen die Vorräte und Kundenaufträge im Unternehmen und warten auf Weiterbearbeitung oder Versand.

> **Sie ahnen, welche Erträge von Engpässen einschließlich der dadurch verursachten Rückstände und von Überversorgungen Tag für Tag in Ihrem Unternehmen weggefressen werden. Also müssen die Engpässe verschwinden!**

1.2 Wie Sie Engpässe und Überversorgungen beseitigen, bevor sie auftreten

Eine EDV-Simulation – wir nennen diese „Prozeß-Simulation" – zeigt Ihnen im voraus, bei welchen Ressourcen und zu welchen Terminen Engpässe und Überversorgungen auftreten werden.

Deshalb können Sie gemeinsam mit den betroffenen Leistungserbringern (Arbeitsplätze, Beschaffer,...) zum frühestmöglichen Zeitpunkt gezielt Maßnahmen treffen, welche die drohenden Engpässe und Überversorgungen gar nicht erst auftreten lassen.

So erreichen Sie den äußerst ertragsstarken „harmonisierten Leistungsprozeß". Und Sie erleben erstmals die rückstandsfreie Leistungserbringung. Es ist dann relativ leicht, aber sehr wichtig, diesen rückstandsfreien, harmonisierten Leistungsprozeß in Ihrem Unternehmen zu stabilisieren.

Abhängig von den Planzahlen des Vertriebes oder – besser – den echten Kundenaufträgen, erkennt die Prozeß-Simulation beliebig lange im voraus, wo es Engpässe und Überversorgungen geben wird. Die gezielten Gegenmaßnahmen führen dazu, daß im gegenwärtigen und künftigen Leistungsprozeß termingerecht genau so viele Ressourcen bereitstehen werden, wie für Ihre Aufträge tatsächlich benötigt werden.

Ihre Ressourcen entsprechen jetzt exakt dem Marktbedarf

1.3 Das Prozeßmanagement sichert das ressourcenharmonisierte Unternehmen

Die Verantwortung für diese vorlaufende HARMONISIERUNG Ihrer Ressourcen mit dem Marktbedarf übertragen Sie Ihrer dafür am besten geeigneten Führungskraft mit einigen guten Mitarbeitern. Unsere Kunden nennen diese Stelle

„Das Prozeßmanagement", kurz PM.

Fassen Sie in dieser Stelle folgende Funktionen Ihres Unternehmens zusammen:

Die ressourcensparende Planung, Disposition und Steuerung aller für Ihre Kunden zu erbringenden Aktivitäten auf Ihrem gesamten Leistungsprozeß, dem Y.

Damit machen Sie das Prozeßmanagement – wie wir noch sehen werden – automatisch verantwortlich für die Termintreue des Unternehmens, für ständig kürzere Durchlaufzeiten und die maximale Höhe der Vorräte.

In das Prozeßmanagement sind Funktionen wie Produktionsplanung, Materialdisposition und Fertigungssteuerung integriert.

Beachten Sie: Kaum eine andere Stelle in Ihrem Unternehmen hat eine vergleichbare Ertragsrelevanz. Lassen Sie diese Stelle direkt an die Unternehmensführung berichten, damit sie tatsächlich etwas bewirken kann.

1.4 Die Ertragskraft des ressourcenharmonisierten Leistungsprozesses

Bitte schauen Sie noch einmal auf die Abbildung 2, Seite XVIII.

Vor allem die ersten Schritte aus dem schlecht harmonisierten Leistungsprozeß in Richtung auf den ideal harmonisierten setzen bei wenig Aufwand Millionen DM frei.

Die Erfahrung bestätigt die geniale 20/80-Erkenntnis. Der erste Schritt in Abb. 2 – also aus Kasten 6 in Kasten 5 – ist leicht getan und hat daher ein so unerhört gutes Nutzen-Aufwandverhältnis, daß man mit der Harmonisierung sofort beginnen sollte.

Der Weg ist das Ziel

Es geht nicht darum, den Kasten 1 – das ideal harmonisierte Unternehmen – zu erreichen, sondern konsequent in diese Richtung zu arbeiten.

Auf diesem Weg entdecken die Mitarbeiter des Prozeßmanagements ständig neue Ertragsreserven, die es zu realisieren gilt. Dieser ständige Verbesserungsprozeß darf niemals enden.

So erreicht das PM systembedingt das immer ertragsstärker und schneller agierende Unternehmen.

Auch hier wird die hohe Ertragsrelevanz Ihres simulationsgestützten Prozeßmanagements offensichtlich.

Das anerkannte Ökonomische Prinzip sagt, daß jenes Unternehmen aus sich heraus den maximalen Ertrag erzielt, dem es am besten gelingt,

- die eigenen Ressourcen (Menschen, Maschinen, Vorräte) bestmöglich den Kundenaufträgen anzupassen und die Durchlaufzeiten für Kundenaufträge und Vorräte auf ein Minimum zu reduzieren.

Auf dieses simple, zuhöchst ertragsrelevante Prinzip sollten Sie Ihre Organisation kompromißlos ausrichten.

2.   Ertragspotential Durchlaufzeiten

Entsinnen Sie sich: Weniger als 5 % der Durchlaufzeiten von Vorräten und Kundenaufträgen in Ihrem Unternehmen wird an diesen gearbeitet! Die viel zu langen Liegezeiten fressen Schnelligkeit, Flexibilität und Ertrag.

Stellen Sie sich vor, es würde Ihnen gelingen, das Verhältnis – 5 % Wertschöpfung zu 95 % Liegezeit – in 10 % Wertschöpfung zu 90 % Liegezeit zu ändern, was wären die systemimmanenten Konsequenzen?

- **Ihre Durchlaufzeiten halbieren sich, ebenso Ihre Lieferzeiten.**
- **Am Markt sind Sie viel schneller und flexibler.**
- **Der Bestand an aktiven Vorräten geht auf die Hälfte zurück.**

Und – wohlgemerkt: Das sind nur die wichtigsten der vielen positiven Aspekte ständig sinkender Durchlaufzeiten.

Perspektive:
Haben Sie erst einmal den Weg zur Reduzierung der Durchlaufzeiten gefunden, können Sie diese immer weiter verkürzen.

2.1   Die Ursachen viel zu langer Durchlaufzeiten

Glücklicherweise gibt es nur zwei relevante Ursachen. Beide können Sie, wenn Sie wollen, innerhalb weniger Wochen beseitigen.

Ursache 1:   Diese ist die Antwort auf die Frage: Wer in Ihrem Haus ist allein dafür verantwortlich, daß die Durchlaufzeiten im Auftrags- und im Vorratsdurchlauf (Abb. 1) immer kürzer werden?

Fällt Ihnen mehr als eine Stelle in Ihrem Unternehmen ein, bedeutet dieses einen klaren Verstoß gegen die Führungsregel:

Delegation von Verantwortung nur an eine Stelle!

Jetzt haben Sie bereits die erste der beiden Ursachen für lange Durchlaufzeiten gefunden.

Ursache 2:   Die gezielte Steuerung der Leistungserbringer setzt voraus, daß alle drohenden, Rückstände verursachenden **Engpässe für Zulieferungen und eigene Arbeitsplätze** im voraus

zum frühestmöglichen Zeitpunkt identifiziert

und durch bedarfsgerechte **Bereitstellung von Kapazitäten und Materialien** beseitigt werden. So werden Engpässe vermieden, bevor sie auftreten. Gelingt Ihnen das, erleben Sie die Grüne Welle im Leistungsprozeß. Ihre Aufträge und Vorräte werden immer schneller durch Ihr Unternehmen fließen.

Engpässe erkannt, Rückstände gebannt!

Also bleibt die entscheidende Frage für die Harmonisierung:

„Wer in Ihrem Unternehmen kann im „What-if-Wege" schnell und sicher für alle Zukaufteile und für alle Arbeitsplätze voraussagen, wann es bei welcher Ressource zu einem Engpaß kommen wird?"

Die schnelle zuverlässige Antwort darauf brauchen Sie bei jeder ungeplanten Veränderung der Auftrags-, Betriebs- und Versorgungssituation.

Können Sie diese Antwort nicht schnell und sicher geben, sind Engpässe und damit Verzögerungen im Auftrags- und Vorratsdurchlauf programmiert. Damit haben Sie die zweite Ursache langer Durchlaufzeiten identifiziert:

Wir erkennen die künftigen Engpässe zu spät und nicht exakt.

Bedenken Sie: Solange Sie Rückstände haben, sind die PPS-Belastungsbilder für die Arbeitsplätze und die Bedarfstermine für die Materialien **falsch!**

2.2   Der Weg zu kurzen Durchlaufzeiten

Sie haben jetzt beide Ursachen der unnötig langen Durchlaufzeiten identifiziert:

- **Zu viele Kümmerer**
- **Zukunft nicht transparent genug**

Die Diagnose ist also klar! Die Therapie lautet:

Erstens: Konzentrieren Sie die Planung, Disposition und Steuerung Ihres gesamten Leistungsprozesses, also des Ypsilons, auf **eine** Stelle. Sie kennen sie schon. Wir nennen diese Stelle:

DAS PROZESSMANAGEMENT, PM

Benennen Sie die am besten geeignete Person als Ihren PM-Chef und lassen Sie ihn mit seiner Gruppe direkt an die Unternehmensführung berichten. Dem Prozeßmanagement übertragen Sie zusätzlich die bereits angekündigte, volle Verantwortung für ständig sinkende Durchlaufzeiten, die Kapitalbindung und die Termintreue Ihres Unternehmens. Damit haben Sie bereits eine der beiden Ursachen langer Durchlaufzeiten beseitigt.

Zweitens: Da keiner zuverlässig weiß, wo es wann zu Engpässen und Unterlieferungen kommen wird, geben Sie Ihrem Prozeßmanagement die Möglichkeit, das künftige Auftrags-, Betriebs- und Versorgungsgeschehen in Ihrem Unternehmen zu simulieren. Die EDV-Simulation zeigt dem PM ständig auf, wann es wo zu drohenden, termintötenden Engpässen und ertragsfressenden Überversorgungen mit Kapazitäten und Materialien kommen wird. Die Simulation teilt also dem PM ständig <u>drohende</u> Abweichungen der bisher geplanten Ressourcen vom Marktbedarf mit. So kann das PM dann sofort, also

zum frühestmöglichen Zeitpunkt,

mit den betroffenen Fachbereichen Maßnahmen zur marktgerechten Anpassung des Ressourcenangebotes vereinbaren. Und die zeit-, termin- und ertragsfressenden Staus und Verzögerungen werden vermieden, bevor sie eintreten können.

Jetzt können die viel zu langen Liegezeiten stufenweise abgebaut werden. Die Lieferzeiten für Ihre Kundenaufträge bzw. Planzahlen und die Durchlaufzeiten für Ihre Vorräte sinken ständig.

3. Ertragspotential Disposition und Steuerung aller Ressourcen

Mit der Prozeßsimulation und in vorlaufender Abstimmung mit Ihren Leistungserbringern (Konstrukteure, Einkäufer, Fertiger, Monteure, ...) stellt das PROZESSMANAGEMENT ständig sicher,

- daß die Einkäufer alle benötigten Zukaufteile termin- und bedarfsgerecht beschaffen können, und
- daß alle Arbeitsplätze gerade so viel Kapazität haben werden, daß Ihre Mitarbeiter ihre Arbeiten termintreu durchführen können.

Die Arbeitsvorräte für alle Leistungserbringer fallen jetzt systembedingt als Nebenprodukte der Simulation an und werden vom PM direkt an die Leistungserbringer zur termingesicherten Abarbeitung gegeben.

Die Beschaffer und die internen Leistungserbringer sind frei, ihre Arbeit selbst zu organisieren. Lediglich ihre Termine müssen und können sie halten. Sie liefern sich gegenseitig zu im

Kunden-/Lieferantenverhältnis.

Das führt systembedingt zu Termintreue und besserer Qualität. Alle Operationen im Leistungsprozeß sind aufgrund der gelungenen vorlaufenden Ressourcenharmonisierung *systembedingt synchronisiert.*

4.   Ertragspotential Mitarbeiter

Was spricht dagegen, die Wertschöpfer (Konstrukteure, Beschaffer, Fertiger, Facharbeiter, Monteure, ...) zu überschaubaren Gruppen zusammenzufassen und ihnen als kleine Unternehmer – wir nennen sie die DAVIDS – möglichst viel Verantwortung zu übertragen?

> **Ein Mitarbeiter jeder Gruppe – ihr Sprecher – ist Abstimmpartner für das Prozeßmanagement.**

> *Nutzen Sie den Ideenreichtum und die Flexibilität Ihrer Mitarbeiter für Ihr Unternehmen!*

Diesen Gruppen können Sie neben der Terminverantwortung auch die Verantwortung für die Qualität und die Kosten ihrer Leistungen übertragen. Sie werden erleben, zu welchen Leistungen Ihre kostbaren Wertschöpfer fähig sind, wenn Sie ihnen ein entsprechendes Umfeld schaffen.

> *Akkord bremst Produktivität!*

Die übliche Leistungsentlohnung (Akkord) begrenzt die Produktivität Ihrer Mitarbeiter und ist deshalb wenig geeignet, diese zu ertragssteigernden Verbesserungsvorschlägen zu animieren. Deswegen sollten Sie ein Entlohnungssystem für alle Mitarbeiter einführen, welches die Qualität, Produktivität, kurze Durchlaufzeiten und Flexibilität sowie alle realisierten Kostensenkungen belohnt.

5.   Ertragspotential Aufbauorganisation

Wenn das PM direkt mit Ihren Wertschöpfergruppen (DAVIDS) die Machbarkeit aller Aufträge vorlaufend sichert, können sich die Führungskräfte endlich auf ihre eigentlichen Aufgaben konzentrieren, wie z.B. den Mitarbeitern ein Umfeld zu schaffen, in dem sie gern zum Wohle Ihres Unternehmens arbeiten.

Wo steht denn geschrieben, daß Arbeit nicht auch Freude machen kann?

Die erhebliche Entlastung der Führungskräfte von allen Dispositions- und Steuerungsaufgaben ermöglicht eine flache Aufbauorganisation.

Führungskräfte bekommen Zeit für ihre eigentlichen Aufgaben

• Der Abstand zwischen Unternehmensführung und
  Wertschöpfern verringert sich,
• Produktivität, Flexibilität und Erträge steigen.

Ihr Unternehmen kommt systemimmanent

**von der steilen Entmündigungshierarchie
zur flachen Betreuungshierarchie.**

6. Ertragspotential Vorräte

Die Vorräte stellen oft den größten Vermögensanteil eines Unternehmens dar. Für
Unternehmensführer wird es zunehmend unerträglich, daß sie nur sehr begrenzten
Einfluß auf die Höhe der Vorräte nehmen können.

Wir haben bereits kennengelernt, wie wir drei wesentliche Bestandsverursacher in
den Griff bekommen:

• In den Rückständen gebundenes Kapital wird zu Umsatz,
• kürzere Durchlaufzeiten senken die Vorräte und
• die Fehleinschätzungen des künftigen Marktbedarfs werden
  bei geringerer Planungsreichweite – erreicht durch kürzere
  Durchlaufzeiten – deutlich geringer, was zu weniger
  Lagerhütern führt.

Weitere bisher nicht behandelte Bestandsverursacher sind

• das Sicherheitsdenken aller Beteiligten und
• die sogenannten wirtschaftlichen Losgrößen.

Bestimmen Sie die Höhe Ihrer Vorräte selbst!

Die betriebsnotwendige Kapitalbindung in Vorräten ergibt sich stets aus den
Sicherheitsbeständen und Losgrößen. Genau diese beiden Komponenten - und
damit die insgesamt entstehende Kapitalbindung - können Sie selbst bestimmen.
Einzelfertiger fügen ihre Kommissionsteile termingerecht hinzu.

6.1   Sicherheitsbestände sind programmierte
Verschrottungsbestände!

Deswegen ersetzen wir Sicherheitsbestände durch Sicherheitszeiten, die durch
eine EDV-Vorratssimulation in bedarfsabhängige Sicherheitsbestände umgerechnet werden. Und zwar exakt so, daß sie den vom Markt geforderten und noch
finanzierbaren Servicegraden entsprechen. Da Sie die Servicegrade selbst fest-
setzen, bestimmen Sie auch selbst die Höhe der Sicherheitsbestände.

6.2   Senken Sie Ihre Losgrößen!

Bei der Losgrößenrechnung lassen Sie nicht länger zu, daß z.B. Maschinenstundensätze als Einmalkosten die Losgrößen hochtreiben. Das führt zwangsläufig zu
unnötig hohen Beständen. Bitte beantworten Sie sich dazu folgende Frage:

> **„Welchen Ertragsverlust erleidet mein Unternehmen,
> wenn Zeit aufgewendet wird, eine nicht ausgelastete
> Maschine umzurüsten?"**

Sie erkennen, daß die Maschinenstundensätze keinen Ertragsverlust zur Folge haben und deswegen aus der Losgrößenrechnung herausgenommen werden
müssen.

Also betragen die Rüstkosten für nicht 100%ig ausgelastete Maschinen bestenfalls die Kosten des Rüsters. Die mit Rüstkosten gerechnete sogenannte

„Wirtschaftliche Losgröße" bricht zusammen!

Um schnell zu nachhaltigen Bestandssenkungen zu kommen, können Sie also für
alle Eigenfertigungsteile und Erzeugnisse, die nicht über echte Engpässe laufen,
Ihre bisher für wirtschaftlich gehaltenen Losgrößen stufenweise senken und damit
Ihren Bestand an Eigenfertigungsteilen inkl. Erzeugnisse analog und dauerhaft
reduzieren.

Dasselbe gilt für Zukaufs-Losgrößen. Oder glauben Sie wirklich, daß eine zusätzliche Bestellposition Ihren Ertrag um die statistisch ermittelten Bestellkosten
von z. B. DM 120,– reduziert?

6.3 Sie bestimmen Ihre künftige Kapitalbindung

Sie können also Ihre Sicherheitsbestände und Losgrößen in ihrer Höhe durch wenige Parameter steuern. Damit bestimmen Sie endlich selbst die Höhe der zukünftigen Sicherheitsbestände und Losgrößen, also Ihre künftige Kapitalbindung in Vorräten.

Als Unternehmer geben Sie die von Ihnen maximal tolerierte Kapitalbindung vor. Aufgabe des PM ist es, diese in Abstimmung mit den betroffenen Fachleuten zu realisieren.

7. Ertragspotential Markt

Aufgrund der bereits vorliegenden Kundenaufträge und evtl. Planzahlen werden Ihre wertvollen Ressourcen (Personal, Maschinen, Vorräte, ...) mehr oder weniger intensiv in Anspruch genommen.

Sofern der Verkauf ohne Wissen um die künftige Auslastung Ihrer kostbaren Ressourcen akquirieren muß, sind einerseits kostenintensive Überstunden und teure Beschaffungsaktionen, andererseits nicht ausgelastete Menschen und Maschinen sowie überhöhte Vorräte programmiert. Wer freiwillig so handelt, dem ist Umsatz wichtiger als Ertrag.

Stellen Sie sich vor, das PM gibt dem Verkauf Hinweise, welche Ressourcen künftig schlecht genutzt werden, und es würde – wem auch immer – gelingen, dafür zusätzliche Aufträge zu holen. Hier können Sie sich z.B. als verlängerte Werkbank anbieten, und zwar deutlich billiger als „Ihre" hier relevanten Wettbewerber.

Der so zusätzlich erzielte Umsatz mit sonst nicht genutzten Ressourcen ist fast 100 % ertragswirksam.

Was hindert Sie daran, den Dialog zwischen PM und Ihren hier relevanten Verkäufern in diese Richtung in Betrieb zu setzen? Was für ein lukratives Ertragspotential!

Der Verkauf ist jetzt darüber informiert, ob er mit seinen Akquisitionen Engpässe in der Herstellung verschärft – das kostet – oder ob er sonst freie Ressourcen bzw. Ladenhüter nutzt - das bringt tüchtig Ertrag.

8.   Ertragspotential Gemeinkosten

Controller differenzieren Gemeinkosten in echte und unechte Gemeinkosten (Abb. 3).

Vermutlich sind mehr als 50 % Ihrer Gemeinkosten unechte Gemeinkosten, wie z. B. Wareneingang und Wareneingangsprüfung, Einlagern, Lagern, Auslagern, Transportieren, Versenden, usw..

Diese unechten Gemeinkosten können Sie mit einem EDV-Generator in Einzelkosten umwandeln und als GMK-Arbeitsgänge in Ihre Arbeitspläne und Stücklisten aufnehmen. Diese so gewonnenen Einzelkosten nennen wir „**wertneutrale Einzelkosten**". Das sind besonders ärgerliche Kosten, weil sie den Wert Ihrer Leistung um keinen Pfennig erhöhen.

Als neue Ertragsquelle sind sie jedoch hoch interessant.

Diese wertneutralen Einzelkosten können Sie nun - analog den seit Jahrzehnten minimierten Lohnkosten für Wertschöpfer - auf Höhe und Berechtigung prüfen und gegebenenfalls rationalisieren.

Jede Gemeinkostenstelle läßt sich jetzt exakt, nämlich bedarfsgerecht dimensionieren, genauso, wie wir das seit mehr als 40 Jahren (PPS) erfolgreich mit den Arbeitsplätzen der Wertschöpfer tun.

Haben Sie Ihre unechten Gemeinkosten erst einmal zu Einzelkosten gemacht, können Sie die größten Kostentreiber aus Ihren Gemeinkosten gezielt angehen.

Darüber hinaus lassen sich Ihre Leistungsprozesse, bestehend aus Arbeitsplänen, Stücklisten und Gemeinkostenvorgängen, als sogenannte Prozeßstrukturen auf Plotterbilder zeichnen. Damit können Sie analog zur Wertanalyse der Produkte nun endlich die Wertanalyse Ihrer Leistungsprozesse betreiben.

Sie sehen dann – vielleicht erstmals – optisch, wie zeitraubend und oft unnötig aufwendig Ihre Material- und Auftragsdurchläufe heute abgewickelt werden.

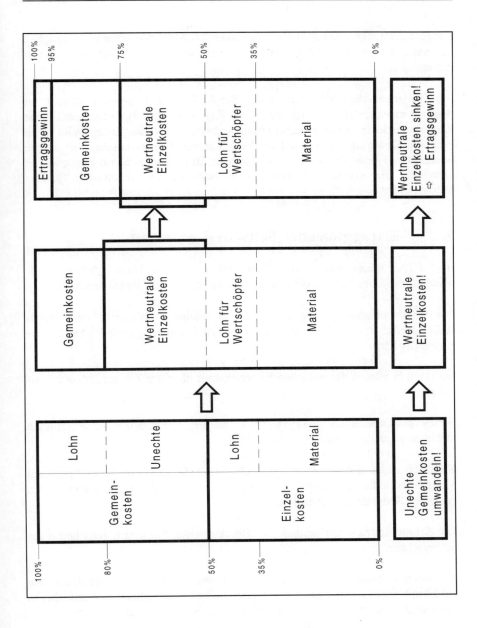

Abb. 3:   Die Wirkung der permanenten Gemeinkosten-Wertanalyse

Lange, teure Liegezeiten springen Ihnen sofort ins Auge. Sie werden unverzüglich beginnen, die Abläufe wertanalytisch zu vereinfachen, zu beschleunigen und zu rationalisieren.

Mit diesen gezielten Aktivitäten haben Sie die Chance, Ihre Gemeinkosten um deutlich mehr als 10 % zu reduzieren (3. Kasten in Abb. 3). Diese beachtliche Kostenreduzierung ist unmittelbar ertragswirksam. Und dieser Ertrag bleibt Ihnen erhalten. Denn im Unterschied zu der bekannten Gemeinkosten-Wertanalyse können Ihre Gemeinkosten als dimensionierte Einzelkosten ebenso wenig wieder ansteigen, wie Ihre seit Jahrzehnten beherrschten Lohn-Einzelkosten für Ihre Wertschöpfer.

9.   Ertragspotential Software-Landschaft

In den 70er Jahren gab es einen Expertenstreit um das Thema „Mixed Hardware". Inzwischen hat sich die Idee der „Mixed Hardware" längst durchgesetzt.

Die damals aus durchsichtigen Motiven verteufelte „Problematik" der Schnittstellen stellte sich als durchaus lösbare Aufgabe und als großer Vorteil für die Anwender heraus.

Inzwischen gibt es den gleichen Expertenstreit über das Thema „Mixed Software".

Vieles spricht bereits heute (1996) dafür, daß die „Mixed Software" einen noch viel überzeugenderen Sieg erreichen wird.

Natürlich ist es viel sinnvoller und sicherer für die Zukunft, die kompetenten Mitarbeiter in die Verantwortung zu stellen, die für ihre Aufgaben die am besten geeignete Software zu verwenden.

Die Schnittstellen – wir nennen sie „Brückenstellen" – sind bereits heute gut beherrschbar.

Mit dieser – geradezu ingenieurmäßig gestalteten – Software-Landschaft sind Sie jedem mit einem komplexen, hochintegrierten System gelähmten Wettbewerber in Schnelligkeit und Flexibilität weit überlegen, bei deutlich geringerem Aufwand.

10. Wirtschaftlichkeitsbetrachtungen

Eine Neuorganisation in die beschriebene Richtung ist derart ertragsrelevant, daß sich die Investitionen dafür in der Regel in wenigen Monaten amortisieren.

Denken Sie allein an die Chance einer kräftigen Produktivitätssteigerung, halbierter Kapitalbindung in Vorräten und nachhaltiger Senkung Ihrer Gemeinkosten.

Durch beherrschte Flexibilität und kurze Durchlaufzeiten ist Ihr Unternehmen noch besser für den Wettbewerb gerüstet.

Der dauerhaft sichere Nutzen resultiert aus der Institutionalisierung Ihrer ständig aktiven Tuningstelle, dem PROZESSMANAGEMENT. Neben der Planung, Disposition und Steuerung Ihres Leistungsprozesses forscht sie permanent nach Ertragspotentialen

auf Ihrem Leistungs-Ypsilon

und wirkt auf deren Realisierung hin.

Dank der neuen Transparenz versachlichen sich die Diskussionen. Das führt zu einem angenehmeren Unternehmensklima. Durch die zusätzliche Aufwertung der Mitarbeiter an der Basis werden besonders diese Mitarbeiter mehr Freude an ihrer Arbeit finden.

Es war selten so leicht, mit einer einfachen Neuausrichtung Ihrer Organisation einen solch fulminanten Beitrag für

ein dauerhaft ertragsstarkes, weil schnelles, harmonisiertes und synchronisiertes Unternehmen

zu leisten. Sie schaffen sich damit die ertragsstärkste Organisation, die man sich nach Erkenntnissen weltweit führender Betriebswirtschaftler (z. B. Prof. Goldratt) auf absehbare Zeit vorstellen kann.

11.   Der Weg zur zügigen Realisierung

Das simulationsgestützte Prozeßmanagement mit weitgehend selbständig operie-
renden Arbeitsgruppen (DAVIDS) in einem ressourcenharmonisierten
Unternehmen erschließt Ihnen ein bisher brachliegendes Ertragsfeld von solch
enormen Ausmaßen, daß Sie besser heute als morgen mit seiner Einrichtung
beginnen sollten.

Mit junggebliebenen Führungskräften und einem aufgeschlossenen EDV-Team
reichen in der Regel 3 Monate, um diese Organisation inkl. Simulation auf die
Beine zu stellen.

In den 3 folgenden Monaten wird Ihr PM mit Ihren Davids vorlaufend alle Ressourcen für Ihre gesamte Leistungserbringung harmonisieren. Damit verschwinden die Rückstände. Und Sie werden Ihre Kunden schon 6 Monate nach
dem Start dieser Neuorganisation mit spürbar weniger Aufwand termintreu
beliefern können. Sie arbeiten mit deutlich höherer Produktivität, niedrigeren
Vorräten und steigender Zufriedenheit Ihrer Mitarbeiter und Ihrer Kunden.

Da Sie jetzt termintreu sind, trifft Ihr PM bereits 6 Monate nach Start der
Neuorganisation gemeinsam mit Ihren Davids die Entscheidung, die Liegezeiten
stufenweise abzubauen. Damit reduzieren Sie die Durchlaufzeiten mit analog
weiter sinkenden Vorräten und steigender Flexibilität. Parallel dazu können Sie
beginnen, Ihre Gemeinkosten nachhaltig zu senken. Das ist erst der Anfang, denn:

**Die durchgängige, ertragsrelevante Gestaltung
Ihres gesamten Leistungsprozesses (Y) sollte
niemals enden!**

12. Hinweise zum folgenden ausführlichen Text

Im folgenden Text ist ausführlich beschrieben, was in der Kurzfassung kurz dargestellt, manchmal nur behauptet werden konnte.

Jetzt haben Sie die Möglichkeit, jene Themen zu vertiefen, zu denen Sie weiteren Informationsbedarf haben.

Eine Methode ist, Sie lesen einfach weiter. Die Alternative ist, Sie schauen im Inhaltsverzeichnis, wo Sie die ausführliche Beschreibung jener Lösungswege finden, die in der Kurzfassung Ihr besonderes Interesse erweckt haben.

1. Die Chance des intelligenten Unternehmens

In diesem Kapitel werden Sie die ersten wesentlichen Ertragsreserven erkennen, die in Ihrem Unternehmen schlummern. Sie blieben in wirtschaftlich guten Zeiten weitgehend unentdeckt. Herkömmliche Lehren und Methoden machen uns blind für neue Chancen. Erfolg macht häufig lernresistent.

Die reine Logik, die klare Intelligenz wurde allzu oft von der 'Tyrannei des Status quo', den lähmenden Paradigmen, plattgedrückt.

Der unaufhaltsame internationale Wettbewerb gibt uns jetzt die Chance, mit Mut, Intelligenz und Begeisterung neue Wege zu erdenken und zu gehen, Wege zum paradigmenarmen, intelligenten Unternehmen.

1.1 Was ist ein intelligentes Unternehmen?

Diese Unternehmen werden von intelligenten Menschen geführt. Wir verstehen darunter mutige, neugierige, jung gebliebene Menschen, wie sie im folgenden Vers beschrieben sind.

Jung Sein!

Die Jugend kennzeichnet nicht einen Lebensabschnitt,
sondern eine Geisteshaltung;
sie ist Ausdruck des Willens,
der Vorstellungskraft und
der Gefühlsintensität.
Sie bedeutet Sieg des Mutes über die Mutlosigkeit,
Sieg der Abenteuerlust über den Hang zur Bequemlichkeit.

Man wird nicht alt,
weil man eine gewisse Anzahl Jahre gelebt hat:
Man wird alt, wenn man seine Ideale aufgibt.
Die Jahre zeichnen zwar die Haut –
Ideale aufgeben aber zeichnet die Seele.
Vorurteile, Zweifel,
Befürchtungen und Hoffnungslosigkeit
sind Feinde, die uns nach und nach
zur Erde niederdrücken
und uns schon vor dem Tod
zu Staub werden lassen.

Jung ist,
wer noch staunen und sich begeistern kann.
Wer noch wie ein unersättliches Kind fragt: Und dann?
Wer die Ereignisse herausfordert

und sich freut am Spiel des Lebens.
Ihr seid so jung, wie euer Glaube.
So alt, wie eure Zweifel.
So jung, wie euer Selbstvertrauen.
So jung, wie eure Hoffnung.
So alt, wie eure Niedergeschlagenheit.

Ihr werdet jung bleiben, solange
ihr aufnahmebereit bleibt:
Empfänglich für's Schöne, Gute und Große:
empfänglich für die Botschaften der Natur,
der Mitmenschen,
des Unfaßlichen.

Sollte eines Tages
euer Herz geätzt werden von Pessimismus,
zernagt von Zynismus,
dann möge Gott Erbarmen haben
mit eurer Seele –
der Seele eines Greises.

Douglas Mac Arthur, 1945

Intelligente Unternehmen werden also von Menschen geführt, die ihr Denken und Handeln nicht von Opportunismus und lieb gewordenen Gewohnheiten sowie Denkmustern (Paradigmen) bestimmen lassen, sondern

- vom Wert der zwischenmenschlichen Beziehungen zu Mitarbeitern, Kunden, Lieferanten, Kapitalgebern,...
- von dem Ideenpotential ihrer Mitarbeiter,
- von der Macht der reinen Logik auf der Suche nach überlegenen Lösungen: „Ist die vorgedachte Lösung logisch schlüssig?"
- von der Erkenntnis, daß ihnen das Polieren eingefahrener Gleise keinen Wettbewerbsvorsprung bringen kann.

Diese intelligenten Unternehmer bauen trotz der angestrebten humanen Unternehmenskultur nicht auf die nachhaltige Wirkung von Appellen.

Sie versuchen, ihr Organisationssystem so zu gestalten, daß es systembedingt die angepeilten Ziele erreicht. Wie so ein Organisationssystem aussehen kann, können Sie in diesem Buch erleben.

1.2   Das intelligente Unternehmen im Wettbewerb

Diese Unternehmen sind natürlich trotzdem nicht davor gefeit, gelegentlich von Wettbewerbern überholt zu werden. Mit ihrer Unternehmenskultur verfügen sie aber über eine wertvolle Voraussetzung, diesen Rückstand schnellstmöglich wieder aufzuholen und am Wettbewerber erneut vorbeizuziehen.

Den Führungskräften des intelligenten Unternehmens ist bewußt, daß ihre Wettbewerber ähnliche Probleme und Aufgaben bewältigen müssen, um zu bestehen. Sie wissen, sie müssen die Chancen im eigenen Unternehmen und die im Umfeld (Interessenten, Kunden, Lieferanten, Kapitalgeber,...) nur etwas besser nutzen als der Wettbewerber, dann hat ihr Unternehmen gewonnen.

Kennen Sie folgende Geschichte?

Zwei TOP-Manager entspannen sich auf einer Mehrtages-Wanderung in Alaska. An einem Nachmittag machen sie an einem Waldrand Rast. Sie wollen gerade aufbrechen, da schreitet der schwerbewaffnete Förster aus dem Wald und warnt unsere beiden wandernden Manager, durch diesen Wald zu gehen. Es gäbe darin einen menschenfressenden Bären.

Dummerweise liegt die für die Nacht vorgebuchte komfortable Herberge genau auf der anderen Seite des Waldes. Ein Umwandern des Waldes ist nicht möglich. Also entscheiden sich die beiden für das Durchschreiten des gefährlichen Waldes. Schließlich hatten beide in ihren Jobs schon ganz andere Probleme lösen dürfen.

Nach einigen 100 Metern hören beide hinter sich ein lauter werdendes Knacken im Unterholz. Einer von beiden tauscht sofort seine schweren Wanderschuhe gegen die für den Abend vorgesehen Turnschuhe.

Der andere bleibt verwundert stehen und fragt: „Glaubst Du denn etwa, Du bist mit Deinen Turnschuhen schneller als der Bär?"

Antwortet der intelligente Unternehmer: „Das ist gar nicht nötig. Ich muß nur schneller sein als Du!"

Genau darauf kommt es an. Im ähnlichen Umfeld die Chancen besser nutzen als der Wettbewerber.

1.3 Wenige Geschäftsprozesse bestimmen die Ertragskraft

Zweifellos zählt die

Sicherung der Ertragskraft seines Unternehmens

zu den wichtigsten Aufgaben des Unternehmers. Er sichert damit die Existenz des ihm anvertrauten Unternehmens und erhält den dort arbeitenden Menschen ihre Existenzgrundlage.

Zu den schwierigsten Entscheidungen der Unternehmer zählt die Frage:
Welche Investitionen bringen den größten Ertragszuwachs?

Betriebswirtschaftler nennen die Aufgabe, stets begrenzte Ressourcen (Geld, Menschen,...) in die ertragsstärksten Investitionen zu lenken:

Die Lösung des Allokationsproblems

Wenn Sie zustimmen, daß die dauerhafte Ertragssicherung eine wesentliche Verantwortung des Unternehmers darstellt, gilt es also jene Maßnahmen zu finden, die den Ertrag Ihres Unternehmens im Verhältnis zum Aufwand am meisten verbessern.

Jetzt empfiehlt es sich, zunächst die Chancen im eigenen Unternehmen zu erkennen.

Täglich werden hunderte oder gar tausende von Geschäftsprozessen in Ihrem Unternehmen abgewickelt. Listen Sie diese einmal auf! Sie finden z. B.:

- das Erstellen von Angeboten
- die Abwicklung der Kundenaufträge
- die Disposition und Bestellung von Material
- die Steuerung des Materialflusses vom Wareneingang bis zum Versand
- die Steuerung Ihrer Leistungserbringer (Wertschöpfer)
- die Fortschreibung Ihrer Lagerbestände
- die Prüfung der eingehenden Rechnungen
- die Nettolohn- und Gehaltsabrechnung
- die Finanzbuchhaltung
- usw.

Prüfen Sie diese Geschäftsprozesse auf ihre Ertrags- und Kundenrelevanz. Sie werden erkennen, daß

- die ersten fünf Geschäftsprozesse sowohl ertrags- als auch kundenrelevant sind,
- die nächsten beiden eher administrativ sind und
- die letzten beiden gesetzlich vorgeschrieben sind, ohne nennenswerte Ertrags- und Kundenrelevanz.

Wenn Sie alle in Ihrem Hause heute durchzuführenden Geschäftsprozesse auflisten, stellen Sie erfreulicherweise fest:

- Es gibt nur eine handvoll Geschäftsprozesse (Angebote, Auftragsabwicklung, Steuerung des Materials und der Wertschöpfer,..), die wirklich relevant sind für Ihren Ertrag und für Ihren exzellenten Kundenservice. Diese Prozesse nennen wir die „A-Geschäftsprozesse".

- Die weit überwiegende Mehrzahl aller in Ihrem Hause praktizierten Geschäftsprozesse haben administrative oder gar gesetzlich vorgeschriebenen Ursachen.

Jetzt nutzen wir wieder die geniale 20/80 - Erkenntnis. Wir konzentrieren uns auf die kunden- und ertragsrelevanten A-Geschäftsprozesse. Alle anderen müssen sich nach diesen dominierenden Geschäftsprozessen richten. Vielleicht können wir manche davon gar entfallen lassen oder an Dienstleister geben. Die Kernkompetenz Ihres Unternehmens werden Sie in der besonders pfiffigen Abwicklung dieser Geschäftsprozesse nicht finden.

Erfreulicherweise liegen alle A-Geschäftsprozesse auf unserem Leistungs-Ypsilon (Abb.1).

Sobald Sie also diese A-Geschäftsprozesse im Griff haben, beherrschen Sie das Leistungs-Ypsilon, also den gesamten Leistungsprozeß Ihres Unternehmens und damit de facto Ihr ganzes Unternehmen.

Im künftigen Text konzentrieren wir uns daher ausschließlich auf das ständige Tuning dieses ertrags- und kundenrelevanten Leistungsprozesses (Abb.1).

1.4   Ziel- und engpaßorientiert gewinnen

Erinnern Sie sich bitte an die zentrale Aufgabe eines Unternehmers, die stets begrenzten Mittel eines Unternehmens dort einzusetzen, wo sie den größten Nutzen bringen, also die Lösung des Allokationsproblems.

Stellen Sie sich zur Lösung dieser wichtigen Aufgabe die Leistungsfähigkeit Ihres Leistungsprozesses wie eine Pipeline vor (Abb. 4). Wie in der Pipeline wird auch in Ihrem Leistungsprozeß die Leistungsfähigkeit durch wenige - theoretisch einen - Engpässe bestimmt. In Abb. 4 ist dieses der Engpaß "B".

6

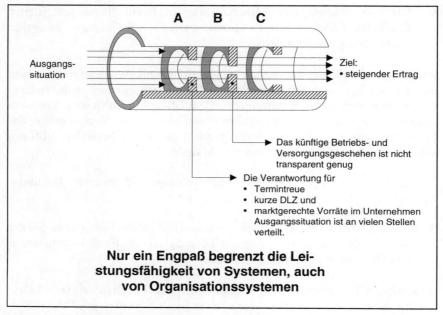

Ausgangs-
situation

A B C

Ziel:
• steigender Ertrag

Das künftige Betriebs- und
Versorgungsgeschehen ist nicht
transparent genug

Die Verantwortung für
• Termintreue
• kurze DLZ und
• marktgerechte Vorräte im Unternehmen
Ausgangssituation ist an vielen Stellen
verteilt.

Nur ein Engpaß begrenzt die Leistungsfähigkeit von Systemen, auch von Organisationssystemen

Abb. 4:   Dominierender Engpaß im Leistungsprozeß

Es geht also darum,

1. diese leistungsbestimmenden Engpässe -also wesentliche Schwachstellen- in Ihrem Leistungsprozeß schnellstmöglich zu finden und dann

2. mit schnellwirkenden Maßnahmen so weit zu öffnen bis andere - vorher nicht dominierende - Engpässe leistungsbestimmend werden.

Nun ist es betriebswirtschaftlich unsinnig, zeitaufwendig und teuer, einen identifizierten Engpaß an allen anderen Engpässen vorbei 100%ig "bis auf das blanke Rohr" beseitigen zu wollen.

Denn lange vorher bestimmt ein anderer Engpaß die Leistungsfähigkeit Ihres Leistungsprozesses.

Diese engpaßkonzentrierte Vorgehensweise ermöglicht uns, zur schnellen Realisierung nachhaltiger Erfolge, die geniale 20/80-Regel zu nutzen.

Diese ist uns aus der ABC-Analyse bekannt. Sie sagt aus, daß mit sehr begrenztem Aufwand (weniger als 20%) bereits der Löwenanteil des theoretisch erreichbaren Nutzens (80%) erzielt werden kann (Abb. 5).

Wir wissen alle, daß in der Regel die Nutzen-/Aufwand-Relation bei einfachen organisatorischen Lösungen hervorragend ist und bei aufwendigen, komplizierten Lösungen verheerend schlecht gerät.

Eine zielorientierte, engpaßkonzentrierte Arbeitsweise führt bei ihrer ständigen professionellen Anwendung systemimmanent dazu, daß es in Ihrem Leistungsprozeß keine statistisch feststellbaren Engpässe mehr geben kann. Der Auftrags- und Güterfluß kann sehr schnell und termingerecht ohne verzögernde Staus ablaufen. Nur die wenigen schicksalhaften Schnee- und Regenereignisse - der geringste Anteil aller Störungen - können kurzfristig zu Verzögerungen führen.

Sie haben Ihr Ziel für eine möglichst effiziente Gestaltung Ihres Leistungsprozesses dann erreicht, wenn bei schnellstmöglichem Auftrags- und Güterfluß die Engpässe im Leistungsprozeß statistisch nicht mehr auszumachen sind, wenn sie also vom Produktmix abhängig zwischen Auftragsgewinnung bzw. Beschaffung und Ablieferung beim Kunden wandern.

Zusammenfassend kann festgestellt werden, daß im schnellen Auftrags- und Güterfluß bei ständig anforderungsgerechter Gestaltung der benötigten Ressourcen *gewaltige Reserven* für *kurze Lieferzeiten,* mehr *Marktnähe* und nachhaltig gesteigerte *Ertragskraft* für Ihr Unternehmen verborgen sind.

Also fragen Sie analog dem Pipeline-Modell:

"Was hindert uns am meisten daran, deutlich mehr Ertrag zu machen?"

Sind es Ihre Kunden, die nicht bereit sind, Ihnen viele Aufträge mit höheren Preisen zu erteilen?

Sind es Ihre Lieferanten, die Ihnen zu hohe Preise abverlangen?

Ist es unsere Gesellschaft, die uns zu hohe Personalkosten aufbürdet?

Verlangen Ihre Kreditgeber zu hohe Zinsen?

8

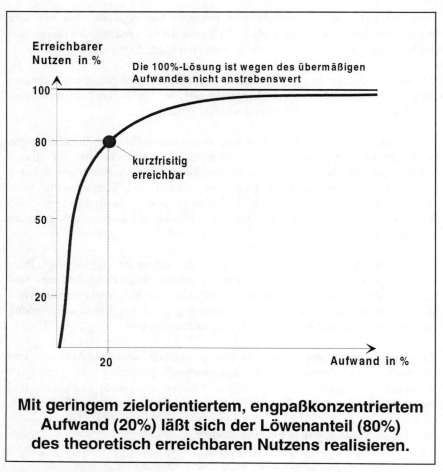

Mit geringem zielorientiertem, engpaßkonzentriertem Aufwand (20%) läßt sich der Löwenanteil (80%) des theoretisch erreichbaren Nutzens realisieren.

Abb. 5:   Die 20/80-Erkenntnis

Bevor wir die Antwort auf die Frage geben "Was hindert uns am meisten an mehr Ertrag?", müssen wir bedenken, was wir als Unternehmer tatsächlich beeinflussen können nach der weisen Formulierung von Herrn Bodo von Oetinger:

*"Ich wünsche mir die Gelassenheit,
Dinge hinzunehmen, die ich nicht
ändern kann und die Kraft, Dinge
zu ändern, die ich ändern kann
und die Weisheit, das eine vom
andern zu unterscheiden."*

Schauen wir uns einmal ein Unternehmen in seiner hier relevanten Umwelt an. In der Abb. 1, Seite XVII, ist dazu u.a. folgendes dargestellt:

• Ihr Unternehmen bewegt sich im wesentlichen im Umfeld zwischen Kunden und Lieferanten

• Diese Beziehungen haben wir als

das Leistungs-Ypsilon (Abb. 1)

dargestellt.

• Der lange Schenkel des Ypsilons beschreibt den Materialfluß von den Lieferanten durch unser Unternehmen bis zu unseren Kunden.

• Das 'V' im oberen Ypsilon beschreibt den Auftragsfluß von unseren Kunden durch unser Unternehmen bis zu unseren Kunden.

• Je nach Herstellungsart ist das Ypsilon flacher oder steiler anzusehen.
  • Flaches Ypsilon beim Serienfertiger, der in der Hoffnung auf das Erzeugnislager produziert, seine Kunden werden genau das kaufen, was er auf Verdacht - nach Absatzplanzahlen - vorproduziert hat. Das mag z. B. für einen Steckdosenhersteller zutreffen.
  • Steiles Ypsilon beim Einzelfertiger, der überwiegend auftragsbezogen Lösungen für besondere Aufgaben entwickelt, konstruiert, dazu einkauft, herstellt, liefert und remontiert, inkl. Abnahme bei seinen Kunden. Das trifft als Beispiel bei einem Transferstraßenhersteller zu.

Der linke kurze Schenkel des Ypsilons besteht bei dem o.a. Serienfertiger im wesentlichen aus der Auftragserfassung, Bonitäts- und Verfügbarkeitsprüfung sowie dem Erstellen der Versandpapiere.

Bei dem o.a. Einzelfertiger kommen langwierige, zuhöchst ertragsrelevante Arbeiten hinzu wie technische Auftragsklärung, Konstruktion, Arbeitsvorbereitung, Disposition von Zukaufteilen für diesen Auftrag usw.

Wir erkennen die hohe Ertragsrelevanz jener Vorgänge, die sich tagtäglich in unserem Unternehmen abspielen.

Oft übersehen wir die internen Ertragspotentiale und konzentrieren uns mit hoher Priorität auf Fragen wie:

• Wie bringen wir unsere Lieferanten zu noch niedrigeren Einstandspreisen und
• unseren Verkauf zu höheren Verkaufspreisen oder
• unsere Kreditgeber zu günstigeren Zinsen?

Stecken wirklich nur dort die Millionen DM geringere Kosten, die wir zur Ertrags- und damit Existenzsicherung so dringend benötigen?

Wir müssen doch erkennen, daß wir auf unsere Kunden und Lieferanten nur begrenzten Einfluß haben, aber:

*Für die ertragsmaximierende Gestaltung unserer Ablauf-
und Aufbauorganisation im eigenen Unternehmen sind
wir ganz allein verantwortlich!*

Es ist längst bewiesen, daß hier Ertragspotentiale in Größenordnungen schlummern, welche selbst erfahrene Manager immer wieder staunen lassen. Wir werden die lukrativsten in diesem Buch aufzeigen und praxisbewährte Realisierungswege beschreiben.

Die vielen auf dem Leistungs-Ypsilon durchzuführenden Aktivitäten wie Absatzplanung, sicher aber Auftragsgewinnung und -erfassung sowie Auftragsklärung, Konstruktion, Arbeitsvorbereitung, Disposition, Lieferantenauswahl, Beschaffung, Wareneingang, Qualitätssicherung, Bereitstellung aller Herstellungsunterlagen und Vorräte, Planung und Bereitstellung von Kapazitäten, Fertigung, Lagerung, Montage, Inbetriebnahme, Abnahme, Versand, Transport zu den Kunden und bei Einzelfertigern zusätzlich der Aufbau, die Inbetriebnahme und Abnahme vor

Ort sollten wir als zu synchronisierenden Leistungsprozeß verstehen, dessen Einzelaktivitäten so zu sichern und zu synchronisieren sind, daß ein maximales Betriebsergebnis dabei herauskommt.

Leider gibt es für die Vielzahl aller auf dem Leistungs-Ypsilon durchzuführenden Aktivitäten keinen anerkannten Oberbegriff. Lassen Sie uns daher bitte für dieses Buch die Vereinbarung treffen, alle diese auf dem Leistungs-Ypsilon abzuwickelnden Arbeiten unter dem Begriff

LEISTUNGSPROZESS

zusammenzufassen.

Dieser Begriff erscheint auch vor dem Hintergrund gerechtfertigt, daß Ihr Kunde erst bereit ist, Ihre Rechnung zu bezahlen, wenn Ihr Unternehmen die vereinbarte LEISTUNG vollständig erbracht hat. Und dazu zählen alle vereinbarten oder sachlogischen Einzelleistungen, die Ihr Unternehmen für die Leistung erbringen mußte, inkl. aller Gemeinkostenvorgänge.

1.5 Eine richtig ertragsstarke Vision

Stellen Sie sich vor,

- Sie halten praktisch alle den Kunden zugesagten Termine.
- Sie kommen trotzdem mit der Hälfte der Vorräte aus, mit der Chance, diese noch weiter zu senken.
- Sie verbessern dabei nachhaltig Ihre Lieferbereitschaft.
- Ihre Lieferzeiten gehen auf die Hälfte zurück.
- Sie senken Ihre Gemeinkosten dauerhaft um mehr als 10%.
- Die Qualität und Leistungsfähigkeit Ihrer Produkte nimmt ständig zu.
- Sie brauchen viel weniger Terminjäger (offizielle und inoffizielle).
- Sie finden zu einer flachen Aufbauorganisation.
- Ihre Produktivität steigt um einen deutlich zweistelligen %-Satz.
- Ihre Mitarbeiter machen Ihnen mindestens 10x mehr Verbesserungsvorschläge.
- Sie gewinnen immer häufiger im Wettbewerb.
- Sie erzielen höhere Preise, weil Sie schneller und zuverlässiger liefern als Ihre Wettbewerber.
- Sie entwickeln sich zum Spitzenreiter im Ertrag

Wenn Sie zusätzlich erfahren, daß Sie diese Erfolge im wesentlichen binnen Jahresfrist erreichen können, wäre das dann auch für Sie 'eine richtig ertragsstarke Vision'?

Diese ist inzwischen zigfache Realität. Die hinter diesen Erfolgen stehende besondere Organisation des LEISTUNGSPROZESSES hat sich seit 1986 in verschiedenen Branchen mit ganz unterschiedlichen Erzeugnissen so überzeugend bewährt, daß wir heute von einer Allgemeingültigkeit zumindest für alle Unternehmen ausgehen dürfen, welche in der Lage sind, die wesentlichen Schritte ihrer Leistungsprozesse zu beschreiben, wie wir es bei reinen Serienfertigern zum Teil in Stücklisten, Arbeitsplänen oder Rezepturen finden.

Diese o.a. Vision ist bereits recht attraktiv und lukrativ. Dennoch haben wir die Chance, uns noch viel mehr vorzunehmen.

Denn Ihr Unternehmen hat sich mit bestimmten Menschen, Know-how, Maschinen, Werkzeugen, Vorräten, Gebäuden, usw. ausgestattet, in der Hoffnung, daß genau diese Ressourcen benötigt werden, um die erwarteten Kundenaufträge zu befriedigen. Jede Abweichung davon kostet Ertrag.

1.5.1 Die vorlaufende Ressourcenharmonisierung

Stellen Sie sich vor, in Ihrem Unternehmen passen alle auf Verdacht beschafften Ressourcen (Menschen, Maschinen, Vorräte,...) 100%ig zu Ihren Kundenaufträgen oder Planzahlen. Sie haben keinerlei ertragsfressende Ressourcen zuviel wie z. B.

*   Vorräte, die Sie nicht brauchen,
*   Maschinen, die nicht ausgelastet sind und
*   Menschen, deren Arbeit oder Know-how zur Zeit nicht gefragt sind.

Wenn Sie zuviele Ressourcen haben,

*   erhöhen diese unnötig die Kosten,
*   reduzieren damit die Erträge,
*   drücken auf die Motivation der Mitarbeiter und
*   fressen Ihren Ertrag.

Trotzdem bleiben Überversorgungen in der Regel unbeachtet, da sie den termingerechten Durchlauf nicht stören und die Verantwortlichen alle Hände voll zu tun haben, die Engpaßsituationen zu bearbeiten.

Stellen Sie sich weiterhin vor, Sie haben auch keine Unterversorgungen wie z. B.

- zu wenig Kapazität (Menschen, Maschinen, Werkzeuge,...),
- Fehlteile oder
- überlastete Spezialisten.

Wenn Sie irgendwo im Leistungsprozeß zu wenig Ressourcen haben, hat das folgende negative Auswirkungen:

- Dieser größte Engpaß bestimmt die Leistungsfähigkeit Ihres gesamten Unternehmens.
- Vor den Engpässen stauen sich Rückstände.
- Die größeren Ressourcen vor und hinter den Engpässen helfen Ihnen nichts. Im Gegenteil, sie fressen Erträge.
- Ihre Termintreue ist zerstört.
- In den Rückständen steckt unnötige Kapitalbindung.
- Ertragfressende Hektik greift um sich, viele müssen sich kümmern.
- Zusatzkosten werden unvermeidlich.
- Die ohnehin viel zu langen Durchlaufzeiten werden noch länger.

Engpässe bilden eine Metastasenlandschaft. Sie tötet die Erträge, Termintreue und Kultur des Unternehmens.

Hätten Sie keinerlei Über- oder Unterversorgungen, dann hätten Sie den ersten Teil des ökonomischen Prinzips (maximale Ressourcennutzung) realisiert und eine der beiden Voraussetzungen für das Ertragsmaximum erreicht. Wie weit ist Ihr Unternehmen von diesem Zustand entfernt? Gibt es da Ertragsreserven? Aber sicher (Abb. 2)! Als Unternehmer müssen Sie also danach streben, daß Ihr Unternehmen der 100%igen Anpassung seines

- Ressourcenangebotes (Menschen, Maschinen, Vorräte) an den
- aktuellen Ressourcenbedarf aus Ihren Kundenaufträgen und Planzahlen

möglichst nahe kommt.

So erzielen Sie zweifellos die bestmögliche Ressourcennutzung in Ihrem Leistungsprozeß. Dann erreichen Sie das termintreue und lukrative,

harmonisierte und synchronisierte Unternehmen.

Eine 100%ige Termintreue und niedrige Bestände erreichen Sie bereits, wenn Sie wenigstens jede vorhandene und insbesondere jede drohende, Rückstand produzierende Unterversorgung in Kapazitäten und Vorräten vermeiden.

1.5.2 Die ständige Reduzierung der Durchlaufzeiten

Wenn Sie die vorlaufende Ressourcenharmonisierung geschafft haben, können Sie sofort daran gehen, stufenweise die Durchlaufzeiten zu senken, also dafür sorgen, daß eingehende Kundenaufträge und dafür notwendige Vorräte in Ihrem Unternehmen schneller als bisher von einem Arbeitsschritt zum nächsten geführt werden.

Damit erreichen Sie dann zusätzlich

- ständig kürzere Lieferzeiten, die Sie als Anbieter noch attraktiver machen und

- kurze Verweilzeiten der Vorräte im Unternehmen, die Ihre Kapitalbindung auf weniger als die Hälfte der jetzigen reduzieren kann.

1.5.3 Quintessenz für ein ertragsstarkes Unternehmen

Jenes Unternehmen erzielt aus sich heraus den maximalen Ertrag, welches es versteht,

- alle teuer beschafften Ressourcen (Personal, Maschinen, Vorräte,...) schnellstmöglich den aktuellen Kundenaufträgen und Planzahlen anzupassen und
- die Liegezeiten zwischen den Wertschöpfungsaktivitäten auf ein Minimum zu reduzieren.

Genau dafür zu sorgen, sind zwei Schlüsselaufgaben für die ertragsmaximierende Gestaltung des gesamten Leistungsprozesses.

Diese wertvolle Erkenntnis ist überhaupt nicht neu. Die Betriebswirtschaft hat sie verborgen im viele Jahrzehnte alten sogenannten 'Ökonomischen Prinzip'.

Jenes Unternehmen erzielt aus sich heraus den best-möglichen Ertrag, welches es am besten versteht,

- **die teuer beschafften Ressourcen (Personal, Maschinen, Vorräte, ...) den Kundenaufträgen anzupassen und**

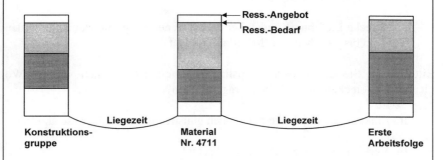

- **die Liegezeiten zwischen den notwendigen Operationen auf ein Minimum zu reduzieren.**

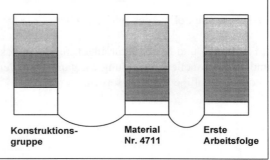

Abb. 6:   Das Ökonomische Prinzip

2. Der harmonisierte und synchronisierte Leistungsprozeß mit ständig sinkenden Durchlaufzeiten

Schauen Sie sich noch einmal unser Leistungs-Ypsilon (Abb. 1, Seite XVII) an. Es stellt u. a. den Auftrags- und den Materialdurchlauf dar.

Dieses Leistungs-Ypsilon zeigt schematisch jene Abläufe im Unternehmen, deren gekonnte Abwicklung und nachhaltige Beschleunigung über Sein oder Nichtsein des Unternehmens im Wettbewerb entscheidet:

•   die Strecke Kunde/Kunde: Von der Auftragsgewinnung über den Auftragseingang, die Auftragserklärung, die Herstellung, den Versand bis zum Kunden (Auftragsdurchlauf) und

•   die Strecke Lieferant/Kunde über den Wareneingang, die Herstellung, den Versand bis zum Kunden (Materialdurchlauf)

Bitte lassen Sie das Leistungs-Ypsilon noch einmal auf sich wirken! Wo glauben Sie, stecken wesentliche Ertragsreserven?

•   Im Einkauf, der den Lieferanten noch günstigere Einstandspreise abtrotzt?

•   Im Verkauf, der höhere Preise durchsetzt?

Versuchen Sie das nicht ständig? Das ist nichts Neues. Tun Sie es weiterhin! Das soll nicht das Thema dieses Buches sein. Hier reden wir von ganz anderen Ertragspotentialen.

In diesem Kapitel werden wir feststellen:

Im Auftrags- und Materialdurchlauf, für deren gekonnte Gestaltung und professionelle Abwicklung wir ganz allein verantwortlich sind, stecken gewaltige Ertragsreserven.

2.1 Die Vision kurzer Durchlaufszeiten

Wußten Sie, daß keine 5% der teuren Verweilzeit der Vorräte in unseren Industrieunternehmen an den Vorräten wertschöpfend gearbeitet wird? Mehr als 95% sind teure Liegezeiten! Ähnliche Verhältnisse gelten für den Auftragsdurchlauf.

Stellen Sie sich vor, es gelingt Ihnen - es ist leichter als Sie glauben -, das Verhältnis Wertschöpfung zu den Liegezeiten von z. B. 5 zu 95 zunächst nur auf 10 zu 90 zu verbessern.

Was werden die systemimmanenten Konsequenzen für Ihr Unternehmen sein?

• Die Durchlaufzeiten, auch die Lieferzeiten halbieren sich.

• Die Verweilzeit der Vorräte in Ihrem Unternehmen halbiert sich. Die Vorräte kommen um die halbe Durchlaufzeit später im Wareneingang an. Deswegen geht die Kapitalbindung in aktiven Vorräten auf die Hälfte zurück.

• Es gibt Platz in der Fabrik, weil maximal die Hälfte der bisherigen Fertigungsaufträge im Betrieb unterwegs sind.

• Der Steuerungsaufwand sinkt aus demselben Grund.

• Der "notwendige" Planungshorizont für die exponentiell unsicher werdenden Absatzplanzahlen geht ebenfalls deutlich zurück. Das Bestandsrisiko steigt überproportional (Abb. 7, folgende Seite).

• Wir agieren schneller und flexibler am Markt.

• Die Kosten sinken, der Ertrag nimmt zu.

18

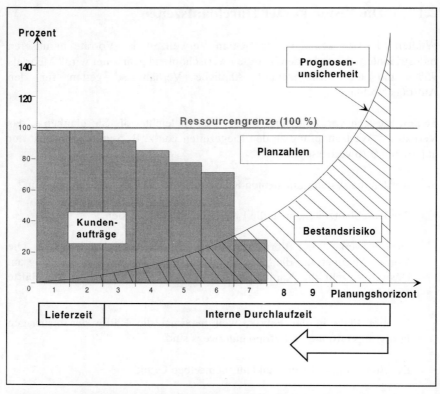

Abb. 7:   **Kurze Durchlaufzeiten reduzieren Planungs- und Bestandsrisiken**

Einige Feststellungen zum kostenintensiven Bestandsrisiko:

Schauen Sie sich dazu bitte die Abb. 7 genau an. Ganz selbstverständlich erwarten wir vom Verkauf, daß er uns für die Zukunft voraussagt, was er verkaufen wird.

Wie weit in die Zukunft muß er uns seine Prognose geben? Na ganz klar: Da wir auf der Basis dieser Zahlen das benötigte Material einkaufen wollen und daraus die vom Verkauf gewünschten Erzeugnisse herstellen wollen, muß der Verkauf uns seine Planzahlen so weit in die Zukunft wissen lassen, daß sowohl die Lieferzeiten der Materialien (Lieferanten bis Wareneingang) als auch die viel zu lange Durchlaufzeit in unserer Herstellung (Wareneingang bis Kunde) abgedeckt sind.

Wir alle wissen, wie unsicher diese Zahlen sind, auf deren Basis wir dann von komplexen PPS-Systemen scheingenau ausrechnen lassen, welche Ressourcen - insbesondere Material - schnellstmöglich zu beschaffen sind. Das muß der Einkauf dann mit hohem Bestandsrisiko tun.

Sie erkennen das jetzt programmierte, gewaltige Bestandsrisiko, das uns lange Liefer- und Durchlaufzeiten einbrockt. Natürlich treffen die Erwartungen des Verkaufs bei weitem nicht immer zu.

Konsequenzen:

• Von etlichen Materialien haben wir zuviel eingekauft und z. T. schon vorgefertigt. Diese werden zunächst Lagerhüter.

• Von anderen Materialien haben wir zuwenig eingekauft. Diese müssen dann unter Zeitdruck kostenintensiv nachbeschafft werden.

Fehlteile trotz hektischer Nachbeschaffung und interne Eilaufträge, sowie lange Durchlaufzeiten und steigende Kapitalbindung in Vorräten sind programmiert. Je größer der dem Verkauf abverlangte Planungshorizont ist, desto unsicherer werden natürlich seine Planzahlen, desto größer wird das Bestandsrisiko bei abnehmender Lieferflexibilität.

Diese Unsicherheit steigt nicht linear mit der Zukunft, sondern exponentiell (Abb. 7). Das heißt: Die Zahlen des Verkaufs für die 52. Woche sind nicht doppelt so unsicher wie für die 26. Woche, sondern viermal so unsicher.

Wenn es Ihnen nun gelingt, nur die Durchlaufzeiten in Ihrem Unternehmen zu halbieren, vermeiden Sie - das zeigt die Abb. 7 deutlich - den größten Teil Ihres Bestandsrisikos.

Sie beschaffen viel später auf der Basis deutlich bessere Planzahlen. Sie werden allein dadurch viel weniger Ladenhüter und deutlich weniger Fehlteile haben.

Der Anteil der Kundenaufträge am Primärbedarf - Ihre kostbare Basis für die ertragssensible Ressourcendisposition - steigt (Abb. 7) und macht Ihre Planung und Disposition für alle benötigten Ressourcen immer sicherer.

Die Wahrscheinlichkeit, daß Sie die beschafften Ressourcen
für Ihre Kundenaufträge tatsächlich verbrauchen, steigt
mit jedem Tag Durchlaufzeit-Verkürzung.

Sie beschaffen immer weniger auf Verdacht, immer mehr auftragsbezogen.

Um das Potential ständig kürzer werdender Durchlaufzeiten für den Ertrag und die Flexibilität am Markt noch deutlicher zu machen, stellen Sie sich bitte folgende Vision oder - wenn Sie meinen - Utopie vor:

Es gelingt Ihnen, die internen Durchlaufzeiten vom Auftragseingang bis zum Versand und vom Lieferanten über den Wareneingang bis zum Versand auf einen Tag zu reduzieren. Was wären jetzt die systemimmanenten Folgen?

•   Sie brauchen keinen Absatzplan
•   Sie disponieren und beschaffen auftragsbezogen ohne jedes Bestandsrisiko
•   Sie haben nur noch für einen Tag Vorräte
•   Nur wenige Aufträge sind gleichzeitig in der Fabrik
•   Sie haben kaum Steuerungsaufwand
•   Ihre Fabrik ist weitgehend frei von Vorräten
•   Ihre Lieferzeit beträgt einen Tag bei 100% Termintreue
•   Ihr Unternehmen ist für Ihre Kunden zuhöchst attraktiv
•   Sie verdienen richtig Geld

Natürlich mag dieser zuhöchst erstrebenswerte Zustand in vielen Fällen eine Utopie sein. Sie zeigt uns aber in Analogie zur ebenfalls nicht durchgängig praktizierbaren Losgröße 1, daß uns jeder Tag weniger Durchlaufzeit der o. a. attraktiven und zuhöchst lukrativen Vision einen Schritt näher bringt.

Welche Investition ist lukrativer als das nachhaltige Senken der Durchlaufzeiten?

Gehen Sie bitte davon aus, das Sie in diesem Buch einen Weg kennenlernen, der Ihnen diese Erfolge möglich macht. Wer hindert Sie daran, die Durchlaufzeiten immer weiter zu reduzieren? Nicht nur in der Fertigung, sondern auch in den vorgelagerten Abteilungen wie Entwicklung, Konstruktion, Einkauf, Arbeitsvorbereitung usw. Da ist viel, zuhöchst ertragsrelevante Luft drin.

2.2   Die Ursachen viel zu langer Durchlaufszeiten

Inzwischen haben wir die besondere Bedeutung kurzer Durchlaufzeiten erkannt. Jetzt ist es an der Zeit, nach den Ursachen der viel zu langen Durchlaufzeiten zu forschen.

Wenn wir diese gefunden haben, gilt es, sie mit Rumpf und Stil auszumerzen

Wieviele wesentliche Ursachen langer Durchlaufzeiten gibt es? Wir haben großes Glück. Es sind nur zwei, die Sie sehr schnell erkennen werden. Durch die in den folgenden Kapiteln dazu gestellten Fragen werden Sie sie selbst herausfinden.

2.2.1   Die klassische Aufbauorganisation

Nachdem wir uns die Bedeutung kurzer Durchlaufzeiten auf den Strecken Kunde/Kunde und Lieferanten/Kunde bewußt gemacht haben, wissen wir um die hohe Markt- und Ertragsrelevanz kürzerer Durchlaufzeiten. Wenn ständig kürzer werdende Durchlaufzeiten so eine hohe Bedeutung für Ertrag und Marktnähe eines Unternehmens haben, drängt sich die Frage auf:

"Wer in unserem Unternehmen ist für ständig kürzer werdende Durchlaufzeiten auf dem gesamten Leistungs Ypsilon verantwortlich?" (Abb. 8)

Viele müssen sich kümmern.
Niemand ist verantwortlich.

Abb. 8:   Unklare Verantwortung

Sie können auf diese Frage nicht sofort Ihre _einzige_ dafür verantwortliche Stelle benennen? Es fallen Ihnen mehrere Stellen ein? Oder die eine hat nicht die Kompetenz, die Hilfsmittel?

Sie sind außerdem nicht sicher, ob diesen Stellen ihre Verantwortung hinreichend bewußt ist? Die haben alle Hände voll zu tun, wenigstens die wichtigsten Termine einzuhalten und kommen gar nicht zu Aktionen, die Durchlaufzeiten zu verkürzen?

Sie ahnen den Zielkonflikt eines Produktionsleiters, der eigentlich möglichst hohe Auslastung fahren soll. Dabei helfen ihm Rückstände und möglichst große Lose! Wie wollen Sie ihn bewegen, seine Rückstände abzubauen und dann Durchlaufzeiten zu reduzieren?

Ebenfalls schließen Sie nicht aus, daß dem Einkäufer in seinem Streben nach niedrigen Einstandspreisen die Auswirkungen langer Lieferzeiten auf Ihre ertragssteigende Lieferbereitschaft und das Bestandsrisiko nicht hinreichend bewußt sind? Soll er preisgünstig einkaufen oder kurze Lieferzeiten realisieren? Wofür erhält er seine Anerkennung? Woran wird seine Leistung gemessen?

Kommt es vor, daß Ihr Einkäufer wegen derselben Fehlteile von mehreren Mitarbeitern angerufen wird? Wenn ja, ist das nicht ein klares Indiz dafür, daß sich in Ihrem Unternehmen viele teure Mitarbeiter um dieselben Engpässe kümmern (müssen)? Wo bleibt da die Effizienz, die Produktivität?

Wenn Ihnen also mehr als eine verantwortliche Stelle für kurze Durchlaufzeiten eingefallen ist, stellt das einen glatten Verstoß gegen eine wichtige Führungsregel für die Delegation von Verantwortung dar:

Delegiere eine Verantwortung nur an eine Stelle.

Dieselbe Verantwortung an verschiedene Stellen delegiert ist teuer und führt natürlich nicht zum Ziel. Darüber hinaus läßt sie den vielen Verantwortungsträgern die Freiheit, Schwachstellen im gesamten Leistungsprozeß, also im Leistungs-Ypsilon, mit so vielen Ressourcen-Puffern (Personal, Maschinen, Material,...) zuzudecken, daß diese Schwachstellen im Unternehmen nicht mehr als solche empfunden werden (_Abb. 9_, linke Hälfte).

Die Ursachen dieser teuren Schwachstellen werden - da teuer zugedeckt - nicht erkannt und können deswegen auch nicht beseitigt werden. So ist folgendes teures Verhalten programmiert:

Jeder bunkert Zeiten und Vorräte!

Jeder optimiert seinen Bereich. Niemand will "auffallen". Wo bleibt das Gesamtoptimum der Leistungsprozesse auf dem Leistungs-Ypsilon?

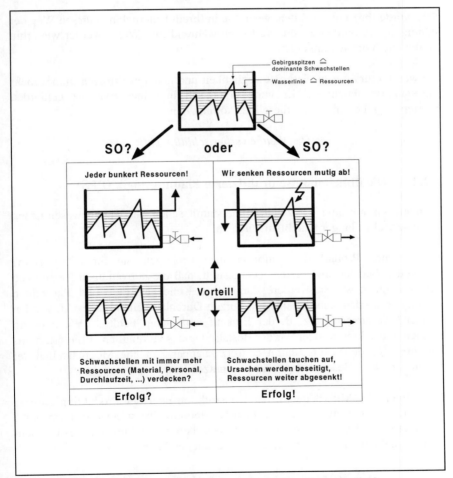

Abb. 9: **Schwachstellen zudecken (links) oder mutig beseitigen (rechts)?**

Wer ist für diesen großzügigen Umgang mit Ressourcen verantwortlich?

Dieses in westlichen Industrieunternehmen ausgeprägte ertragsbelastende Verhalten nennen die Japaner "MUDA", die Verschwendung von Ressourcen.

Warum begreifen wir auftretende Schwachstellen im LEISTUNGSPROZESS nicht als Chance, ihre Ursachen zu finden, diese zu beseitigen und fortan mit weniger Ressourcen auszukommen.

Wie würde Ihnen das gefallen, wenn Sie in Ihrem Unternehmen diesen Weg der ständigen Ressourcensenkung verfolgen während Ihre Wettbewerber weiterhin Zeiten und Vorräte bunkern?

Sie werden ihm mit größerer Beweglichkeit und höheren Erträgen immer mehr Marktanteile abnehmen! Er wird strategisch in seiner Existenz gefährdet. Warten Sie nicht, bis er auf diese Idee kommt, denn:

Der Wettbewerber schläft nicht!

2.2.2   Die üblicherweise praktizierte Planungslogik (PPS)

Wenden wir uns nun der zweiten und damit schon der letzten wesentlichen Ursache viel zu langer Durchlaufzeiten zu.

Mit welchen Primärbedarfs-Informationen versorgen Sie Ihr PPS-System? Wieweit haben Sie im voraus sichergestellt, daß die notwendigen Ressourcen zur Verfügung stehen werden, damit Ihre Kundenaufträge und Planzahlen termingetreu -also staufrei- und mit kurzen Durchlaufzeiten hergestellt werden können? Wann erfährt z. B. der Einkauf von einem Fehlteil? Wenn es im Betrieb entdeckt wird oder vor der Bestätigung des verbindlichen Liefertermins für Ihren Kundenauftrag, damit er trotz knapper Zeit alle Möglichkeiten der termingerechten Beschaffung frühzeitig nutzen kann?

Wann wird der Mitarbeiter in der Konstruktion oder der Produktion darüber informiert, daß er zur termingerechten Herstellung Überstunden machen muß? Wenn es durch Rückstand entdeckt wird oder bereits bei Annahme des Kunden- auftrages, damit er sich frühzeitig darauf einstellen kann?

Da vielen Unternehmen und Fachleuten diese zuhöchst ertragsrelevanten logischen Zusammenhänge durchaus bewußt sind, gibt es in entsprechend vielen Unternehmen mindestens eine wöchentliche Besprechung, in welcher einerseits der Verkauf seine Wünsche vorträgt und andererseits die wichtigsten Repräsentanten des LEISTUNGSPROZESSES (Konstruktion, Produktion, Beschaffung,...) abschätzen, ob und wie die Verkaufswünsche termingerecht erfüllt werden können. Hier findet eine Machbarkeitsschätzung (Abb. 10) durch die wichtigsten Leistungserbringer statt.

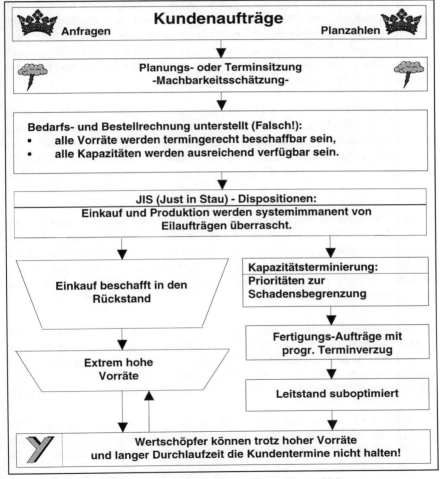

Abb. 10:   Herkömmliche Produktionsplanung und -steuerung (PPS)

Jetzt kommt die entscheidende Frage, die uns die zweite Ursache langer Durchlaufzeiten aufzeigt:

"Wer in Ihrem Unternehmen ist in der Lage, für jede Auftragssituation schnell und zuverlässig über den Planungshorizont für alle benötigten Ressourcen (Menschen, Maschinen, Vorräte,...) festzustellen, welche Ressourcen an welchem Termin zum Engpaß werden oder ungenutzt bleiben?"

Sie haben recht, dieses Superhirn gibt es nicht. Welchen Sinn hat dann die Machbarkeitsschätzung (Abb. 10)? Denn: Wenn wir das künftige, für die termintreue Leistungserbringung notwendige Betriebs- und Versorgungsgeschehen nicht durchgängig kennen, können wir es auch nicht wirklich steuern. Dann ist unsere Steuerung des LEISTUNGSPROZESSES eine Abteilung zur Chaosbewältigung.

Da also niemand in der Lage sein kann, für den Planungshorizont termingerecht alle drohenden Fehlteile und Überlasten sowie Überversorgungen mit Vorräten und Kapazitäten zu erkennen, müssen nach dieser Methode die Verkaufswünsche nach einer groben Machbarkeitsschätzung für die Realisierung und damit für die operative Ressourcenbeschaffung freigegeben werden.

In den sogenannten Planungs- und Terminsitzungen kann bestenfalls ein Bruchteil der drohenden Termin- und Ressourcen-Engpässe erkannt werden. Künftige ertragsfressende Überkapazitäten und drohenden Überversorgungen mit Vorräten werden so gut wie gar nicht vorlaufend erkannt und können deshalb auch nicht vermieden werden. Da liegt man zwar auf der sicheren, aber unerträglich teuren Seite.

Entsprechend sind die dann im praktizierten Betrieb auftauchenden Überraschungen. Müssen wir uns dann wundern, wenn jene Mitarbeiter, die diese Suppe tagtäglich auslöffeln müssen, also unsere Wertschöpfer, diese Terminbesprechungen zur Machbarkeitsschätzung mit Begriffen wie Märchenstunde, Elefantenrunde, Frühmesse, türkischer Basar o. ä. bezeichnen?

Diese Ohnmacht bei der frühzeitigen Engpaßerkennung hat logischerweise dazu geführt, daß fortschrittliche Softwarehersteller eine Simulationssoftware anbieten, mit denen die Konsequenzen alternativer Verkaufswünsche auf die wichtigsten Ressourcen (chronische Fehlteile und Engpaßarbeitsplätze) errechnet werden können, um genau diese im Vorfeld zu erkennen und zu beseitigen.

Das ist ein Schritt in die richtige Richtung. Die oft praktizierte Mengenbegrenzung der simulierbaren Teile und Arbeitsplätze ist nicht akzeptabel. Denn diese Methode setzt voraus, daß Sie genau diese Engpaßkandidaten kennen und sich erhalten. Das heißt: Alle anderen Ressourcen müssen überdimensioniert werden und es auch bleiben. Das ist wiederum ein glatter ertragsfressender Verstoß gegen das ökonomische Prinzip. Die bewußte Überversorgung der nicht simulierbaren Ressourcen belastet den Ertrag des Unternehmens so stark, daß auch dieser Weg nicht zu einem wirklich ertragsstarken schlanken Unternehmen führen kann.

Wenn Sie mit kurzen Durchlaufzeiten termintreu am Markt operieren wollen, muß spätestens bei Annahme der Kundenaufträge bzw. bei der Bestätigung der Planzahlen des Verkaufs im Voraus für alle Ressourcen sichergestellt sein, daß es in der relevanten Zukunft zumindest rechnerisch

• kein einziges Fehlerteil und

• keine einzige Arbeitsplatzüberlastung

geben wird. Sonst kommen wir von Rückständen und Terminverzügen und den viel zu langen Durchlaufzeiten nicht runter. Lassen Sie bitte folgende einfache Beispiele auf sich wirken:

Beispiel 1: Drohendes Fehlteil
• Stellen Sie sich bitte vor, nur ein einziges Zukaufteil ist für einen Kundenauftrag nicht termingerecht zu beschaffen (Abb. 11). Dann müssen alle anderen für diesen Auftrag beschafften Komponenten warten. Diese erhöhen unnötig die Kapitalbindung in Vorräten. Der Rückstand wächst weiter an. Die den Kunden zugesagten Termine sind nicht zu halten. Von der angestrebten Reduzierung der Durchlaufzeiten brauchen wir gar nicht zu reden, solange so etwas systemimmanent passiert. Dasselbe gilt für Eigenfertigungsteile.

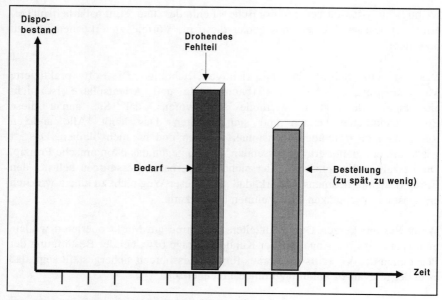

Abb. 11:   Fehlteile und Rückstände sind programmiert

Wieviele Zukauf- und Eigenfertigungsteile haben Sie? Bei wievielen Teilen können zu wievielen Terminen Fehlteile auftreten? Jawohl, das scheint unübersehbar.

Beispiel 2: Drohende Überlast

- Stellen Sie sich bitte vor, nur ein einziger Arbeitsplatz im Leistungsprozeß wird zum Engpaß (Abb. 12). Der jetzt sicher entstehende Rückstand bindet erhebliches Kapital in Vorräten, zerstört die Termintreue und gibt Ihnen keine Chance, Durchlaufzeiten auch nur ansatzweise zu reduzieren. Achtung: Der Engpaß begrenzt die Leistung Ihres gesamten Unternehmens auf seine Kapazität.

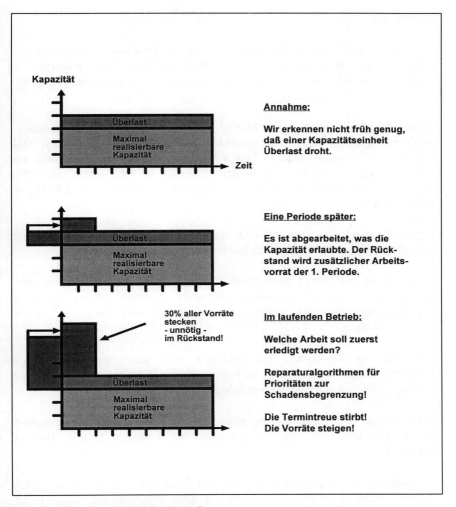

Abb. 12:   Ertragspotential Rückstände

Wieviel Arbeitsplätze haben Sie? An wievielen Arbeitsplätzen können also zu wievielen Terminen Staus entstehen? Jawohl, auch das scheint unübersehbar.

Rückstände töten die Termintreue,
treiben die Kapitalbindung in Vorräten hoch und
betonieren die viel zu langen, schwer kalkulierbaren Durchlaufzeiten!

Quintessenz:

Wenn Sie ohne eine durchgängige vorlaufende Machbarkeitssicherung Primärbedarfe in die deterministische Bedarf- und Bestellrechnung geben, können Sie trotz bester Mitarbeiter und teuerster PPS-Systeme Ihr Hauptziel "Durchlaufzeitenreduzierung" vergessen.

Schauen Sie sich die Abb. 11, S. 28, und Abb. 12, S. 29, bitte genau an. Rückstand entsteht immer dann, wenn entweder an einem Arbeitsplatz nicht so viel Kapazität zur Verfügung steht, wie für die termingerechte Erfüllung der Kundenaufträge und/oder Planzahlen erforderlich ist, oder eine der notwendigen Komponenten zum Bedarfszeitpunkt für die Herstellung nicht zur Verfügung steht.

Rückstand entsteht sofort, wenn auch nur eine einzige für die zu erbringende Leistung benötigte Ressource nicht termingerecht zur Verfügung steht.

So einfach ist das. Gegen diese simple Logik sind ihre Planer, Disponenten, Steuerer und selbsternannten Zwangskümmerer machtlos, solange sie diese drohenden Engpässe nicht vorlaufend sicher erkennen und beseitigen können, bevor sie eintreten.

Wenn wir die Rückstände als Ursachen nicht beseitigen, können wir anschließend nur noch an den Symptomen kurieren und weitgehend ohnmächtig versuchen, den bereits eingetretenen Schaden zu begrenzen.

Dabei soll uns dann z. B. die eigentlich überflüssige Kapazitätsterminierung eines PPS-Systems oder gar ein elektronischer Leitstand helfen? Das ist chancenlos!

Nach welchen Kriterien soll z. B. bei einer Rückstandssituation entschieden werden, welche Aufträge als nächstes auf diesem Arbeitsplatz abgearbeitet werden sollen und welche liegenbleiben und damit noch weiter in Verzug geraten?

Damit der bereits eingetretene Schaden (Terminverzüge und hohe Kapitalbindung) begrenzt werden kann, wird in den gängigen Produktionsplanungs- und Steuerungssystemen (PPS) ein äußerst komplexes EDV-Modul, die sogenannte Kapazitätsterminierung, aktiviert (Abb. 10, S. 25).

Diese versucht jetzt nach verschiedenen Prioritäten jenen Arbeitsgang herauszufinden, der inzwischen die höchste Priorität hat. Es muß also jener gefunden werden, der dann - wenn er nicht jetzt endlich durchgeführt wird - den größten Schaden für das Unternehmen nach sich ziehen würde.

Also wägt die Kapazitätsterminierung ab, ob als nächster Arbeitsgang jener durchgeführt werden soll, der jetzt eigentlich dran wäre, um die noch zu rettenden Termine zu halten, oder ob Arbeitsgänge aus dem Rückstand eine noch höhere Gesamtpriorität haben und deshalb zuerst dran sind. Alle anderen warten auf ihre hohe Priorität.

Konsequenterweise müßte im PPS-System dieselbe Prioritätsrechnung auch bei der deterministischen Bedarfs- und Bestellrechnung für nicht ausreichend vorhandene oder beschaffbare Bestände erfolgen. Auch hier müßte nach Prioritäten entschieden werden, welche inzwischen heißesten Aufträge die begrenzten Bestände bekommen sollen. Das allerdings geschieht erstaunlicherweise nicht. Das könnte beim besten Willen niemand mehr durchblicken.

Die allermeisten z. Z. auf dem Markt angebotenen PPS-Systeme unterstellen bei der deterministischen Bedarfsrechnung 2 Annahmen, die beide nichts mit der Realität, dem Markt, der Logik der Betriebswirtschaft und schon gar nichts mit dem tatsächlichen Versorgungs- und Betriebsgeschehen im Unternehmen oder gar mit dem ökonomischen Prinzip (Abb. 6, Seite 15) zu tun haben:

• Es werden schon ausreichend Vorräte im Unternehmen sein, die Wünsche des Verkaufs zu befriedigen. Wenn nicht, wird der Einkauf die benötigten Zukaufteile schon termingerecht beschaffen können, auch wenn die Lieferzeiten bei weitem nicht ausreichen oder geforderte Liefertermine sogar schon in der Vergangenheit liegen. Diese Unterstellung ist absurd.

• Jeder einzelne für die Realisierung der Kundenaufträge benötigte Arbeitsplatz im LEISTUNGSPROZESS, also auf dem Leistungs-Ypsilon, wird termingerecht ausreichend Kapazität haben, die aus den Primärbedarfen resultierenden Einzelaufträge staufrei herzustellen. Diese Unterstellung ist naiv.

Beide Annahmen sind also unzulässig. Sie sind realitätsfern. Sie treiben die Vorräte und Durchlaufzeiten hoch. Sie geben uns keine Chance, Termine zu halten und die Durchlaufzeiten zu reduzieren. Rückstände und Terminchaos sind programmiert und drücken auf die Produktivität.

Der Einkauf muß unsinnigerweise zu den theoretisch errechneten, nicht auf Machbarkeit geprüften Terminen so beschaffen, als würde er auch alle anderen Komponenten termingerecht bekommen und die Produktion termingerecht ausreichend Kapazitäten haben. So stauen sich vor und in der Produktion die Vorräte.

Wußten Sie, daß durchschnittlich 30 % aller Vorräte im Rückstand gebunden sind? (Abb. 12, Seite 29) Das ist nur eine der teuren Konsequenzen eines nicht ressourcenharmonisierten Unternehmens.

Der beste Einkäufer hat unter diesen Umständen keine Chance, auch nur in die Nähe von "Just in time"-Zulieferungen zu kommen.

Er ist durch das System - diese unzulässige Planungslogik - gezwungen, in den Rückstand hinein weitere Zulieferungen zu bestellen und auch liefern zu lassen.

Wie häufig wundern sich Einkäufer, daß sie laut Termin dringend benötigte und evtl. mit Mehrkosten eilig beschaffte Zulieferungen noch viele Tage nach ihrem Bedarfstermin im Lager unangetastet wiedersehen.

Mutige Einkäufer erstellen sich daher parallel zu den bestehenden PPS-Modulen eigene Hilfsmodule. Mit Reichweitenrechnungen versuchen sie zu erkennen, daß die lt. PPS-System zu beschaffenden Zulieferungen erst viel später tatsächlich gebraucht werden.

Gehen Sie bitte einmal durch die Fertigung und greifen sich irgendeinen laufenden Fertigungsauftrag heraus. Schauen Sie auf den Soll-Fertigstellungstermin. Vergleichen Sie ihn mit dem tatsächlichen Datum. Statistisch haben Sie eine gute Chance, daß Sie einen der vielen Fertigungsaufträge erwischt haben, die sich im Rückstand befinden.

Müssen wir uns da wundern, wenn die Wertschöpfer bei den vielen Appellen an Termintreue nur noch müde lächeln? Schließlich erhalten Sie immer wieder Fertigungsaufträge, deren Termine längst in der Vergangenheit liegen.

Müssen wir uns bei den ständigen Rückstandssituationen wirklich wundern, wenn verzweifelte Produktionsleute versuchen, mit komplexen, hochaktuellen Betriebs-datenerfassungssystemen oder - schlimmer noch - mit teuren elektronischen Leitständen dem programmierten Terminchaos Herr zu werden? Chancenlos kurieren sie am Symptom "Rückstände", weil sie keine Möglichkeit haben, die Ursachen der Rückstände zu beseitigen. Nur die Beseitigung der Ursachen kann diesen ertragsfressenden Dauerzustand beseitigen.

Anbieter von Betriebserfassungssystemen werben mit der heute leider praxisgerechten, dennoch falschen und unverantwortlichen Feststellung:

Ein Steuerungssystem kann nur so aktuell sein
wie das Rückmeldesystem. FALSCHER WEG!

Diese resignierende, trotzdem weitgehend akzeptierte Feststellung geht davon aus, daß die für den LEISTUNGSPROZESS notwendigen Operationen weit entfernt davon sind, termintreu erledigt zu werden.

Wenn Sie vor den Rückständen resignieren, dann brauchen Sie natürlich ein ganz aktuelles Rückmeldesystem. Schließlich müssen Sie für Ihre dann mit Prioritäten gesteuerte Neuplanung wissen, was aus dem Rückstand inzwischen fertiggemeldet ist, damit Sie wenigstens die inzwischen fertigen Arbeiten nicht wieder einlasten.

Eine beliebte, aber wiederum sehr teure Therapie besteht darin, Rückstände durch großzügige Ressourcenbereitstellungen zu vermeiden. So deckt man nicht beherrschte Schwachstellen mit viel Geld zu. (Abb. 9, Seite 23)

Das Ergebnis finden Sie in der immer wieder ohnmächtigen Feststellung:

Ich verstehe das nicht. Trotz hoher Bestände
haben wir ständig Fehlerteile!

Dieser Weg führt also noch nicht einmal zur Termintreue, geschweige denn zur Verkürzung der angestrebten Durchlaufzeiten. Dieser Weg wird zur Todesspirale im Wettbewerb:

Die viel zu hohen Ressourcen zwingen uns zu hohen
Verkaufspreisen, machen uns am Markt schwächer und
verderben unseren möglichen Ertrag.

Die viel zu langen Lieferzeiten zwingen uns zu
Preiszugeständnissen! " Wenn wir schon die
längere Lieferzeit haben, kriegen wir den Auftrag nur
noch über den Preis!"

Wie finden wir also aus diesem Teufelskreis zu einem termintreuen LEISTUNGSPROZESS bei kurzen Durchlaufzeiten und möglichst geringem Ressourceneinsatz?

Es muß uns gelingen, alle drohenden Fehlteile und Engpaßkapazitäten im voraus zu erkennen und durch gezielte vorlaufende Ressourcenanpassung (Harmonisierung) zu vermeiden. Dann können keine nennenswerten Rückstände mehr entstehen. Dann brauchen wir weder eine Kapazitätsterminierung noch ein aufwendiges BDE-System oder gar elektronische Leitstände.

Nur weil wir vor den Rückständen resignieren,
haben wir einen Wahnsinns-Steuerungsaufwand,
zu viele Ressourcen inkl. Bestände, zu teuer erkaufte Termintreue
und viel zu lange Durchlaufzeiten.

Solange wir Rückstände zulassen, kurieren wir an Symptomen!

Rückstände sind die Metastasenlandschaft in unserem Unternehmen:

* Sie führen zu falschen Belastungsbildern und Materialdispositionen und damit zwangsläufig zu teuren Fehlentscheidungen in der Ressourcenversorgung
* Sie töten die Termintreue
* Sie betonieren lange unkalkulierbare Durchlaufzeiten
* Sie binden enorm Kapital
* Sie verursachen Aktionismus, hohen Steuerungsaufwand und Resignation
* Sie vernebeln andere Schwachstellen
* Sie blockieren die Produktivität
* Sie fressen viel mehr Ertrag als wir glauben

Rückstände müssen also unbedingt verschwinden!

2.3   Der Weg zu Termintreue und kurzen Durchlaufzeiten

Gelungene organisatorische Investitionen in kürzere Durchlaufzeiten versprechen produzierenden Unternehmen Amortisationszeiten von deutlich weniger als einem Jahr.

Sie werden erkennen, daß sich die praktisch 100%ige Termintreue als ein Nebeneffekt des Weges zur professionellen Durchlaufzeitenverkürzung ergibt.

Das Erreichen dieser Termintreue ist die Voraussetzung für eine nachhaltige Verkürzung der Durchlaufzeiten.

Bitte versuchen Sie nicht, die Durchlaufzeiten wesentlich zu verkürzen, bevor Sie die Termintreue erreicht haben. Sie würden den Termin- und Steuerungsaufwand geradezu exponentiell erhöhen. Trotzdem ginge die Termintreue Ihres Unternehmens total in den Keller.

Wie finden wir also zur Termintreue und dann zu ständig kürzer werdenden Durchlaufzeiten im gesamten LEISTUNGSPROZESS, also unserem Leistungs-Ypsilon?

Erinnern Sie sich bitte an das Glück, das uns nur zwei wesentliche Schwachstellen daran hindern, die Durchlaufzeiten nachhaltig zu senken:

•   Niemand im Unternehmen ist dafür wirklich verantwortlich

•   Niemand kennt das künftige Betriebs- und Versorgungsgeschehen gut genug, um den Leistungsprozeß staufrei - also ohne Engpässe - gestalten und steuern zu können

Beschäftigen wir uns zunächst mit der erstgenannten Schwachstelle. Müssen wir uns über viel zu lange Durchlaufzeiten im LEISTUNGSPROZESS Kunde - Kunde, bzw. Lieferant - Kunde (Leistungs-Ypsilon) wundern, wenn für deren Verkürzung niemand wirklich verantwortlich ist?

2.3.1 Das Prozeßmanagement verantwortet den ressourcenharmonisierten Leistungsprozeß

Beseitigen Sie die erste Ursache für lange Durchlaufzeiten, die vielen Verantwortlichen mit ihren programmierten Zielkonflikten! Konzentrieren Sie also schnellstmöglich die Verantwortung für die Termintreue Ihres Unternehmens, ständig kürzer werdende Durchlaufzeiten und marktgerechte Vorräte in eine Stelle (Abb. 13). Wir nennen diese Stelle Prozeßmanagement, künftig kurz 'PM' genannt.

Das Prozeßmanagement harmonisiert und synchronisiert vorlaufend alle Aktivitäten für den künftigen *LEISTUNGSPROZESS*.

Abb. 13: Klare Verantwortung

Sie werden noch erkennen, warum Sie Ihrem PM später auch die Verantwortung für die Höhe der Vorräte, nicht für ihre buchhalterisch richtige Fortschreibung oder gar Verwaltung, übertragen sollten.

Die Verantwortung Ihres PM kann von diesem nur wahrgenommen werden, wenn mindestens folgende Voraussetzungen erfüllt sind:

• Das PM hat die Terminhoheit im Unternehmen.

• Die wesentlichen Aktivitäten zur Planung, Disposition und Steuerung des gesamten LEISTUNGSPROZESSES sind im PM zusammengefaßt.

- Neben dem PM gibt es also keine separate Produktionsplanung, Fertigungssteuerung und Materialdisposition.

- Die Unternehmensführung und die wichtigen Führungskräfte unterstützen die zuhöchst ertragsrelevanten Arbeiten des PM ohne Ausnahme konstruktiv.

- Als Linienfunktion berichtet das PM direkt an die Unternehmensführung.

- Das PM wird von einem der besten Führungskräfte Ihres Unternehmens geleitet.

- Das PM benötigt zwar viel weniger Mitarbeiter als heute für Planung, Disposition und Steuerung eingesetzt sind. Aber es braucht die besten.

- Das PM wird mit einer EDV-Prozeßsimulation ausgestattet, welche ihm über alle benötigten Ressourcen für die Zukunft die drohenden Engpässe und Überversorgungen aufzeigt. Wissen ist besser als ahnen!

- Bei drohenden Engpässen darf das PM die betroffenen Mitarbeiter direkt - an der Hierarchie vorbei - darüber informieren und gemeinsam mit diesen Lösungen für Ressourcenanpassungen suchen und verabreden.

Sind alle Ressourcen harmonisiert, kann jede Fachgruppe ihre Termine halten. Es ist damit auch die Synchronisierung der zu leistenden Einzelaktivitäten im LEISTUNGSPROZESS gelungen. Darauf weist der Taktstock in der Abb. 13 hin.

Im Tagesgeschäft wird Ihr PM ständig

- drohende und vorhandene Schwachstellen im gesamten LEISTUNGS-PROZESS - drohende Fehlteile, drohende Engpaßkapazitäten - aufspüren,

- die Ursachen dieser Schwachstellen gemeinsam mit Ihren Fachleuten erforschen,

- die Ursachen gemeinsam so beseitigen, daß sie nicht wieder auftreten können,

- den LEISTUNGSPROZESS durch verabredete Ressourcenanpassungen vorlaufend harmonisieren und damit synchronisieren sowie

- die termingesicherten Arbeiten sofort an die Mitarbeiter des LEISTUNGSPROZESSES, inkl. Beschaffer leiten.

Die Reaktionszeit des LEISTUNGSPROZESSES
auf Marktveränderungen wird damit
auf wenige Stunden reduziert.

Sehr bald werden Sie erkennen, daß die Mitarbeiter des PM und die Mitarbeiter des LEISTUNGSPROZESSES eine äußerst konstruktive Eigendynamik entwickeln, ständig nach weiteren Schwachstellen und Ertragschancen im LEISTUNGSPROZESS forschen. Insbesondere dann, wenn Sie Ihre Mitarbeiter als kleine Unternehmer verstehen und sie entsprechend entlohnen (s. Kapitel 5.2.2).

Das PM arbeitet dienstleistend für alle Mitarbeiter des LEISTUNGS-PROZESSES und systemoptimierend für den gesamten LEISTUNGSPROZESS im Sinne des äußerst ertragsrelevanten 'ökonomischen Prinzips'. Seine wichtigsten Leistungen für die Fachbereiche können beispielhaft wie folgt genannt werden:

Für alle Mitarbeiter im LEISTUNGSPROZESS:

- Das PM ist einziger Ansprechpartner für Lieferfähigkeit und Termine.

- Ständiges Abstimmen der aktuellen Kundenaufträge und des Absatzplanes mit den Ressourcenangeboten aller Fachgruppen sowie allen vorhandenen und disponierten Beständen.

- Frühestmögliches Erkennen der Auswirkungen bei Anfragen, neuen Kundenaufträgen und Absatzplanzahlen auf alle Fachgruppen und Vorräte.

- Fach- und Führungskräfte von jeglicher Terminjägerei befreien.

- Rechtzeitiges Einleiten aller erforderlichen Maßnahmen, damit alle Fachgruppen ihre Ressourcen termin- und bedarfsgerecht bereitstellen können, inkl. Vorräte.

- Erarbeiten und Durchsetzen terminsichernder Maßnahmen für Kundenaufträge bei Terminverzug einer Gruppe.

- Ständiges Überwachen der Termintreue aller am Herstellungsprozeß beteiligten Gruppen.

- Anstoßen der verantwortlichen Fachleute zur Beseitigung der Ursachen von Abweichungen.

- Versorgen der Gruppen mit Arbeitsvorräten, deren Machbarkeit gesichert ist.

- Klima schaffen, in welchem sich die Gruppen zu kleinen, Qualität produzierenden Unternehmen entwickeln können, die sich ständig Verbesserungen einfallen lassen.

- Initiativen zur Einführung eines Lohn- und Gehaltssystems, welches das unternehmerische Handeln der Gruppen belohnt.

- Anstöße´ für besondere Pflege, Organisation und vorbeugende Instandhaltung insbesondere der Engpaßmaschinen.

Für den Verkauf:

- Sicherstellen schnellstmöglicher Reaktion des Unternehmens auf Marktveränderungen.

- Vorgabe möglichst kurzer Standard-Lieferzeiten an den Verkauf.

- In der Angebotsphase Unterstützung des Verkaufs zur Terminfindung.

- Sicherstellen termin-, mengen- und qualitätsgerechter Belieferung der Kunden.

- Flexibilisierung der Ressourcen zur schnellen, flexiblen Anpassung an den Marktbedarf.

- Information des Verkaufs über absehbare Über- oder Unterauslastung inkl. Vorschläge zu deren ertragsstärkender Nutzung.

- Initiieren variables Provisionssystem, damit Ertrag statt Umsatz im Vordergrund der Verkaufsaktivitäten steht.

Für die Konstruktion und Arbeitsvorbereitung:

- Herauslösen der Fertigungssteuerung und Materialdisposition aus der Arbeitsvorbereitung in das PM.

- Initiative für das Zusammenlegen der praxisorientierten Arbeitsplaner mit den Konstrukteuren zum 'Technologiezentrum', damit systembedingt schnell und herstellungsgerecht entwickelt wird.

- Anstoß zur durchgängigen Einführung einer leicht handhabbaren Teilenormierung.

- Hinweise auf Ladenhüter, die bei Neukonstruktionen verwendet werden sollten.

Für den Einkauf:

- Der Einkauf hat mit dem PM nur einen Ansprechpartner für Termine und drohende Fehlteile.

- Eilbeschaffungen werden vor der Terminzusage an den Verkauf mit dem Beschaffer auf Realisierbarkeit geprüft. Der Beschaffer kann systembedingt von Eilbestellungen nicht mehr überrascht werden.

- Rahmenverträge für kürzere Beschaffungszeiten werden intensiviert.

- Das PM konsultiert den Einkauf bei der Festlegung von Serviceklassen für Zukaufteile und Parameter zur Losgrößenbildung.

- Bei kritischen Zukaufteilen wirkt das PM darauf hin, daß es neben einem preisgünstigen Lieferanten mit langer Lieferzeit noch einen zweiten mit hoher Flexibilität und kurzer Lieferzeit gibt.

- Das PM vermittelt den Einkäufern den ganz besonderen Wert kurzer Lieferzeiten für die Schnelligkeit und Flexibilität des Leistungsprozesses.

- Damit das Technologiezentrum frühzeitig die Lösungskompetenz von Lieferanten nutzt, unterstützt das PM entsprechende Initiativen des Einkaufs.

- Meistens ist es sehr effizient, den Einkauf ganz auf das Beschaffungsmarketing inkl. Abschlüsse von Rahmenverträgen zu konzentrieren. Die Beschaffer werden im PM integriert. Kurze Wege und andere Motivation von der Erkennung eines drohenden Fehlteiles zur entsprechenden Kommunikation mit Lieferanten, es doch noch zu beschaffen, wirken positiv.

Für das Controlling:

- Gemeinsame Ermittlung jenes Produktmixes, das den besten Ertrag verspricht unter Berücksichtigung sonst nicht genutzter Ressourcen oder zu teurer Ressourcenerweiterungen.

- Unterstützung zur Realisierung jener Führungszahlen und Parameter, die den Führungskräften die Maximierung des Gesamtertrages erleichtern.

- Irreführende 'Kostenrechner-Lehren' wie z. B. 'Wirtschaftliche Losgröße' und 'Maschinenstundensätze' gemeinsam richtigstellen.

- Hinweise für "Make or Buy" -Entscheidungen (s. insbesondere Kapitel 9).

- Umwandeln von Gemeinkosten in Einzelkosten betreiben.

- Abstimmen, wann sich evtl. kostenintensive Ressourcenerweiterungen (Überstunden, Auswärtsvergabe, Sonderbeschaffungen,...) für bestimmte Aufträge aus Kostengründen nicht mehr lohnen.

- Führungszahlen über teure ungenutzte Ressourcen.

Für das Unternehmen:

- Ständiges Beschleunigen des gesamten Herstell- und Versorgungsprozesses auf dem Leistungs-Ypsilon für den ertragsmaximierenden LEISTUNGSPROZESS.

- Ständiges Anstreben eines ertragsmaximierenden Herstellplan.

- Positives Klima für ständige Verbesserungen initiieren/unterstützen.

- Unternehmerisches Denken und Handeln im Gesamtunternehmen initiieren und fördern.

- Die Basis - also die Mitarbeiter im Leistungsprozeß - aufwerten.

- Für einfache, effiziente, für die Mitarbeiter verständliche Organisation sorgen und diese schulen.

- Aktivitäten zur flexiblen Arbeitszeitgestaltung unterstützen.

- Realisierbare Ertragspotentiale aufdecken.

- Empfehlungen zum Abbau ideen- und produktivitäthemmender Hierarchien.

- Führungs- und Kennzahlen zur Gesamtoptimierung aufzeigen.

- Auf das Einhalten der Spielregeln achten.

Ihr PM wird also ständig ganz im Sinne Ihres systemimmanent schlanker werdenden Unternehmens tätig sein.

Sobald Ihr PM die Termintreue und verkürzte Durchlaufzeiten erreicht hat, wird es sich auf weitere Engpässe auf dem Weg zu höherem Ertrag und stärkerer Marktstellung Ihres Unternehmens konzentrieren. Diese zuhöchst logische Vorgehensweise kennen Sie aus der japanischen Lehre unter dem Begriff "KAIZEN".

Der PM ist also verantwortlich für:

- die Termintreue Ihres Unternehmens,

- ständig kürzer werdende Durchlaufzeiten für Kundenaufträge und Vorräte,

- Niedrige, marktgerechte Vorräte und

• das ertragsmaximierende Gestalten des gesamten Auftrags-, Herstell-, Versorgungs- und Liefergeschehen, also des LEISTUNGSPROZESSES, auf dem Leistungs-Ypsilon, im Sinne des 'ökonomischen Prinzips'.

Das Prozeßmanagement soll die Entscheidungen und Arbeiten der vielen einzelnen Fachgruppen so koordinieren, daß ein maximales Gesamtergebnis dabei herauskommt.

Vielleicht erinnern Sie sich an unsere übergeordnete Zieldefinition für ein Unternehmen.

Wir wollen die teuren Ressourcen maximal umsatzwirksam auslasten und alle Durchlaufzeiten reduzieren. Dann erzielen wir den maximalen Ertrag.

Genau dieses Ziel verbirgt sich hinter der o.a. Verantwortung des Prozeß-managements für das ständige Beschleunigen des LEISTUNGSPROZESSES.

Aufgrund der Verantwortung des Prozeßmanagements könnte der Eindruck entstehen, so eine "Superperson" zur Leitung des PM gäbe es gar nicht. Warten Sie mit dieser Wertung bitte, bis Sie mehr über sein unverzichtbares Softwarewerkzeug, die Prozeßsimulation, wissen. Dieses Werkzeug zeigt den PM-Mitarbeitern ständig auf, wo Engpässe und Überversorgungen entstehen werden.

Sie werden sicher zustimmen, daß es viel weniger aufwendig, nervenzehrend und kostenintensiv ist,

• frühzeitig erkannte drohende Engpässe mit den Fachgruppen zu beseitigen als

• die Konsequenzen bereits eingetretener Engpässe (IST-Fehlteile, IST-Überlasten und die daraus resultierenden Rückstände) so zu beherrschen, daß wenigstens die wichtigsten zugesagten Termine doch noch irgendwie gehalten werden.

Deswegen sind die Mitarbeiter des PM keine Superleute, sondern Menschen, denen die ertragsmaximierende Gestaltung des gesamten LEISTUNGS-PROZESSES Spaß macht.

Da es kaum eine weitere Stelle mit größerer Ertragsrelevanz in Ihrem Unternehmen gibt, sollten Sie keine Sekunde zögern, Ihre für die PM-Leitung am besten geeignete Persönlichkeit hier einzusetzen. Sie wird hoffentlich dort ein Loch reißen, wo Sie sie wegnehmen. Wenn nein, ist diese Person wahrscheinlich auch nicht geeignet, das PM erfolgreich zu führen.

Entscheidend ist, daß das gerissene Loch kleiner ist als jenes, das Sie jetzt mit dem PM schließen. Und davon können Sie ausgehen.

Als Hilfestellung bei der Auswahl des PM-Chefs und seiner wenigen Mitarbeiter seien die wichtigsten Anforderungen genannt:

- Ausgeprägte Fähigkeit zum System- und Prozeßdenken
- Intelligenz
- Ehrlicher Makler zwischen Verkauf und den herstellenden bzw. beschaffenden Leistungserbringern
- Unternehmerisches Denken und Handeln bei hoher persönlicher Akzeptanz bei den Mitarbeitern
- Überzeugungs- und Durchsetzungskraft
- Marktgefühl und Vertriebsorientierung
- Organisationstalent
- Technisches Verständnis
- Zielgerichtete, engpaßorientierte Denk- und Arbeitsweise
- Verhandlungsgeschick
- Standvermögen, Frustationsstabilität
- Initiatives Handeln
- Aufgeschlossenheit für neue Ideen und Wege
- Kreativität

Dem PM-Mitarbeiter muß ständig etwas einfallen, um die Ressourcenharmonisierung zum ertragsmaximierenden Agieren des Unternehmens sicherzustellen und den Gesamtprozeß zu beschleunigen.

Wissen Sie, daß diese Funktion des Prozeßmanagers überhaupt nicht neu ist? Es gibt sie mehr als 10.000fach in unserer Volkswirtschaft.

Sie finden sie, wenn Sie sich folgende Frage beantworten:

Wie viele Mitarbeiter hat das in Schnelligkeit, Flexibilität und Kosten kaum zu schlagende Unternehmen?

Ja, Sie haben recht, z. B. der 10-Mann-Betrieb! Dieses kleine Unternehmen

- hat niedrige Kosten (keinen Overhead),
- ist extrem schnell und flexibel,
- arbeitet zuhöchst effizient,
- ist total kundenorientiert und
- und leistet mit hochmotivierten Mitarbeitern Erstaunliches.

Wer sorgt dort - im Sinne unseres PM - dafür, daß auf dem Ypsilon des kleinen Unternehmens die Abläufe schnell und effizient abgewickelt werden?

Jawohl: Der Chef! Er hat die Fäden in der Hand. Er hat die Übersicht und koordiniert die Arbeiten seiner einzelnen Mitarbeiter.

Obwohl diese kleinen Unternehmen bei den Kreditgebern höhere Zinsen, bei den Lieferanten höhere Preise zahlen und keinen professionellen Verkauf haben, sind sie - gut geführt - so erfolgreich, daß sich die Großen im Wettbewerb vor ihnen fürchten.

Diesen zuhöchst flexiblen Kleinbetrieb nennen wir den 'DAVID'. Unsere Klienten dagegen stellen 'GOLIATHS' dar. Kapitalstark, mindestens aber kreditwürdig, mächtig im Beschaffungs- und Absatzmarkt, aber schwerfällig und teuer. Eine später formulierte Empfehlung ist, den Goliath organisatorisch in lauter Davids aufzuteilen und damit die Vorteile des Goliath mit denen des Davids in Ihrem Unternehmen zu kombinieren.

Unser o. a. erfolgreicher Kleinbetrieb wird - weil schnell, flexibel und kostengünstig - immer weiter wachsen, bis er - wie man sagt - dem Chef über den Kopf wächst. Jetzt schafft sich der Unternehmer Entlastung und delegiert - richtig! - differenzierte Fachverantwortung an seine neu eingerichteten Ressorts:

- Einer macht den Verkauf,
- ein anderer den Einkauf und
- ein Dritter die Produktion,...

Aber: Wo bleibt der Gesamtüberblick, die unverzichtbare Voraussetzung für eine Gesamtoptimierung aller Auftrags- und Materialflüsse, des LEISTUNGSPROZESSES?

Dieser äußerst ertragsrelevante Gesamtüberblick geht ihm verloren. Dieser Überblick über seinen gesamten Leistungsprozeß ist - wahrscheinlich ohne ihm bewußt zu sein - auf dem Altar des Taylorismus geopfert worden. Das war ein Fehler, den uns unsere Paradigmen nur schwer erkennen lassen.

Jetzt optimiert jeder sein Ressort. Jeder will mit seiner Abteilung - kommt von ab-teilen - der Beste sein:

-   Der Einkauf beschafft in sogenannten wirtschaftlichen Losgrößen zu niedrigsten Preisen und unterschätzt den Ertragswert kurzer Lieferzeiten.
-   Die Produktion lastet ihre Arbeitsplätze mit großen Losen aus. Dazu sind ihr Rückstände sehr hilfreich.
-   Die Materialdisposition sorgt für hohe Lieferbereitschaft. Überhöhte Bestände treffen den Disponenten weniger als immer wieder bei ihm auftretende Fehlteile.

So entstehen Einzeloptima, die das unbedingt anzustrebende Gesamtoptimum unmöglich machen. Der Schicksalsweg zur lähmenden Vollkasko-Mentalität ist programmiert. (Abb. 14).

Je größer das Unternehmen wird, desto hemmender wirken diese Einzeloptima. Das Ertrag und Flexibilität fressende "Parkinsonsche Gesetz" und das "Peter-Prinzip" beginnen zu wirken.

Ein "Glück", daß die Großen es alle so machen. Aber eine große Chance für intelligente Unternehmer, diesen Fehler zu erkennen und sofort zu korrigieren, die Funktion des Gesamtoptimierers als Prozeßmanagement wieder einzurichten.

Noch etwas entwickelt sich wie ein lähmendes Krebsgeschwür.

Die Unternehmen müssen sich im knallharten Wettbewerb der Marktwirtschaft bewähren. Inzwischen dürfte die Überlegenheit der Marktwirtschaft gegenüber der Planwirtschaft bewiesen sein.

Woher nehmen wir eigentlich das Phlegma, unsere Unternehmen intern wie lahme Mini-Planwirtschaften zu organisieren, wenn wir uns außen im knallharten Wettbewerb der internationalen Marktwirtschaften bewähren müssen?

Neugründung: David

- Total kundenorientiertes Denken und Handeln
- Erfolgreich, vom Gründer überschaubar
- Optimierte Abläufe
- Schnell, anpassungsfähig, innovativ, effizient
- Jagt großen Unternehmen Aufträge ab

Das Unternehmen wächst

- Nicht mehr überschaubar für den Gründer
- Aufteilung in Abteilungen:
  - Ressortdenken (Einzeloptima)
  - Kompetenzgerangel
- Gesamtoptimierung kaum möglich

Mini-Planwirtschaft: Goliath

- Große Marktmacht
- Finanzstark
- Vollkasko-Mentalität
- Schwerfällig, teuer

Kundenorientierung?

Abb. 14: Schicksalsweg zur Vollkasko-Mentalität

Wie die Herrschenden in der ehemaligen DDR die zu leistenden Arbeiten an Ihre vom Wettbewerb verschonten Kombinate gegeben haben, tun wir dasselbe für alle Leistungen, die in unseren Unternehmen erbracht werden können. Nur punktuell stellen wir die Leistungen eigener Fachgruppen ebenfalls in den Wettbewerb externer Firmen, oft nach fragwürdigen "Make or Buy"-Kriterien.

Stellen Sie sich vor, Sie würden Ihre Fachbereiche verselbständigen und dem freien Wettbewerb im Markt aussetzen. Was würde mit ihnen passieren?

Wir könnten dann vor dem Scharfmachen der vom Verkauf gewünschten Leistungen für jede Ressource vorlaufend sicherstellen, daß es keine Engpässe (Abb. 15) und Fehlteile (Abb. 16) geben wird.

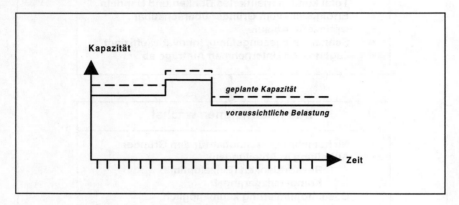

Abb. 15:   Ein vorlaufend harmonisierter Arbeitsplatz

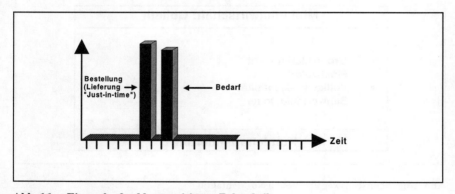

Abb. 16:   Ein vorlaufend harmonisiertes Zukaufteil

Wenn Ihre Fachgruppen überleben wollen, müssen sie sich auf den harten Wettbewerb in der Marktwirtschaft einstellen. Warum tun sie das nicht in Ihrem Unternehmen? Weil sie sicher eingebunden sind? Geben Sie ihnen diese Chance!

In der systematischen Einführung der Marktwirtschaft
in das Unternehmen liegt eine zusätzliche Chance zu
mehr Ertrag, Flexibilität, Motivation und Marktstärke.

Auch diese Chance wird ein qualifiziertes PM künftig aufgreifen und vorantreiben.

2.3.2 Mit der Prozeßsimulation zum harmonisierten und synchronisierten Leistungsprozeß

Wenn wir die zuhöchst attraktiven und lukrativen Ziele wie z. B.

*   die Durchlaufzeiten inkl. Lieferzeiten sinken um mehr als 50%,
*   die Kapitalbindung in Vorräten bricht zusammen,
*   die geschickte Nutzung unserer Ressourcen erhöht ständig den Ertrag usw.

erreichen wollen, müssen wir für das gesamte künftige Auftrags-, Versorgungs- und Betriebsgeschehen inkl. der vorgelagerten Abteilungen wie technische Auftragsklärung, Konstruktion, Arbeitsplanung und NC-Programmierung versuchen herauszubekommen, zu welchem Zeitpunkt

*   Fehlteile (Eigenfertigung und Zukauf) drohen,

*   zuviele Vorräte auflaufen werden,

*   welche der bisher geplanten und bereitgestellten Kapazitäten wann zum Engpaß werden,

*   welche teuren Kapazitäten nicht ausgelastet sein werden und

*   welche sonstigen auftragsrelevanten Ressourcen (Personal, Montageplatz, Werkzeuge,...) zum Engpaß werden.

Wenn Ihnen diese Informationen vor der Verabschiedung des von Ihrem Unternehmen gewollten Herstellplanes (Primärbedarf) durchgängig für alle Zukaufteile und Eigenfertigungteile sowie für alle Arbeitsplätze und sonstigen relevanten Ressourcen zuverlässig bekannt wären, (Abb. 17, folgende Seite), könnten Sie diese drohenden, termintötenden, Durchlaufzeit verlängernden, Kapitalbindung treibenden sowie Produktivität und Ertrag fressenden Engpässe

zum frühstmöglichen Zeitpunkt

gezielt beseitigen.

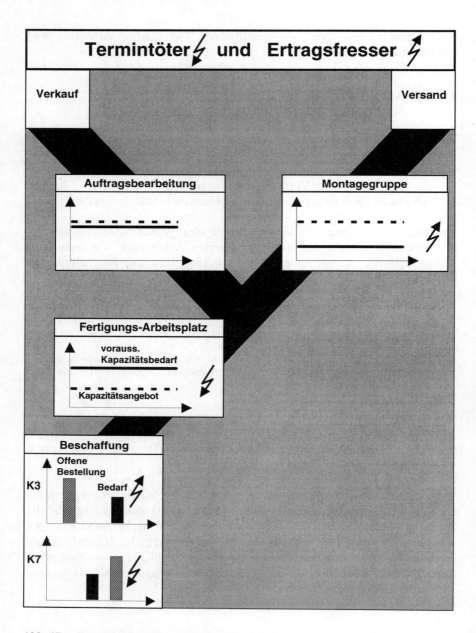

Abb. 17:   Staus und freie Ressourcen im Leistungsprozeß

Denn wenn alle drohenden Kapazitätsengpässe, alle drohenden Fehlteile, also alle drohenden Ressourcenengpässe erkannt werden, bevor sie eintreten, dann können diese auch gezielt beseitigt werden, bevor sie eintreten.

Sie erreichen damit den harmonisierten und zwangsläufig synchronisierten Leistungsprozeß. Das wirkt auf Ihren Auftrags- und Materialdurchlauf wie **die grüne Welle auf dem Ypsilon** (Abb. 18, folgende Seite) mit ständig sinkenden Durchlaufzeiten.

Gelingt dieses, erreichen Sie systemimmanent die ersten angestrebten Ziele wie

- die ständige Transparenz des LEISTUNGSPROZESSES macht dessen terminsichernde und ertragsmaximierende Steuerung erst möglich,
- 100%ige Termintreue durch die vorlaufende Beseitigung aller vorhersehbaren Störungen,
- Produktivitätssteigerungen um 2-stellige Prozentsätze durch die hohe Versorgungssicherheit und viel systematischere Arbeit der Mitarbeiter,
- um den Rückstand reduzierte Vorräte,
- deutliche Ertragssteigerung und
- die Voraussetzung zur Reduzierung der Durchlaufzeiten.

Gelingt es aber, drohende Unterversorgungen von Kapazitäten und Vorräten zu erkennen, dann gelingt es logischerweise ebenfalls,

- drohende Überversorgungen von Kapazitäten und Vorräten (Abb. 18)

im voraus zu erkennen.

Wenn aber auch alle drohenden Überkapazitäten, alle drohenden Überbestände, also alle drohenden Überversorgunge erkannt werden, bevor sie eintreten, dann können diese ebenfalls gezielt genutzt oder vermieden werden, bevor sie eintreten.

Diese drohenden Überversorgungen sollte das PM entweder abwenden (Storni und Kapazitäten gezielt herunterfahren) oder mit diesen sonst ungenutzten Ressourcen - Vorräte und Kapazitäten - alle denkbaren Zusatzumsätze realisieren.

Jede DM Umsatz aus einer sonst nicht
genutzten Ressource ist fast 100 % Gewinn!

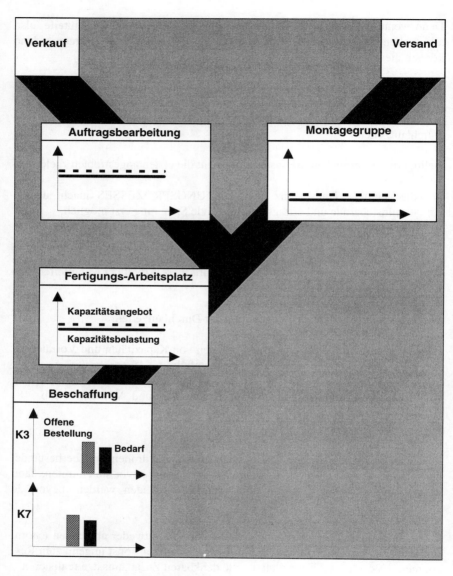

Abb. 18: Grüne Welle im Leistungsprozeß

Die Verantwortung für das vorlaufende Beseitigen drohender Engpässe und künftiger Überversorgungen ist Sache des Prozeßmanagements.

Sobald das PM von einer drohenden Ressourcen-Disharmonie erfährt, nimmt es direkt mit der betroffenen Fachgruppe (Arbeitsplatz, Beschaffer,...) Kontakt auf, um diese drohende Abweichung zu harmonisieren, bevor sie zum Terminverzug oder zur Überversorgung mit Ressourcen führt.

Quintessenz:
Gelingt es uns, wie mit einem Radargerät drohende Gefahren durch voraussichtliche Unter- und Überversorgung frühzeitig zu erkennen und gezielt zu beseitigen, wird unser Unternehmen in Termintreue, Flexibilität und Ertragskraft unschlagbar. Das 'ökonomische Prinzip' (Abb. 2, Seite XVIII) wird immer besser realisiert.

2.3.3 EDV-Simulationen zeigen dem PM drohende Engpässe und teure künftige Überversorgungen auf

Auf dem Markt werden inzwischen Simulationen angeboten, die Ihnen Hinweise auf drohende Gefahren im künftigen Auftrags-, Betriebs- und Versorgungsgeschehen geben.

Im folgenden wollen wir am Beispiel der Prozeßsimulation unseres Hauses beschreiben, wie eine Simulation funktionieren kann und wie sie logischerweise während der Simulationsrechnung die gesamte operative Materialdisposition, Bestellrechnung und Y-Prozeßsteuerung gleichzeitig abwickelt. Die dafür bisher bekannten disponierenden und steuernden PPS-Module werden überflüssig (Abb. 19), denn

• da die deterministische Bedarfs- und Bestellrechnung in die Simulation integriert ist, brauchen Sie keine zusätzliche. Das übliche separate MRP-Programm wird nicht mehr gebraucht.

• Da Rückstände im voraus vermieden werden, brauchen Sie auch keine Kapazitätsterminierung zur prioritätengerechten Neuplanung der Rückstände, also zur Schadensbegrenzung. Dieses hochkomplexe Programm wird - endlich - überflüssig.

• Einen elektronischen Leitstand braucht der selbständige David sowieso nicht.

• Das minutenaktuelle Betriebserfassungs-System ist für die Planung und Steuerung Ihres termintreuen LEISTUNGSPROZESSES nicht nötig.

Folgerichtig finden Sie in der Abb. 19, rechte Hälfte, alle diese z. T. komplexen, teuren PPS-Module nicht mehr. Wir haben sie gebraucht, solange die früheren manuellen PPS-Funktionen lediglich 1:1 auf die EDV übertragen wurden. Das war ein Fortschritt in den 60er Jahren.

Heute müssen wir uns fragen, was wir mit dem Computer ganz anders, viel effizienter machen können. Welche neuen Chancen bietet er?

Schon in den 60er Jahren war einigen PPS-Experten klar, man sollte eine EDV-Simulation haben, damit wir die chancenlose manuelle Machbarkeitsprüfung (Abb. 19) ablösen können.

Da die hohen Anforderungen an eine durchgängige Prozeßsimulation damals zumindest von der EDV-Technik noch nicht erfüllt werden konnten - Speicherplatz und Geschwindigkeit -, wurden die PPS-Systeme mit Reparaturalgorithmen wie z. B. die Kapazitätsterminierung als Rückstandsverwaltungsprogramm zur Begrenzung jenes Schadens entwickelt, der durch die manuell nicht realisierbare Machbarkeitssicherung programmiert war. Darum heißt diese Schwachstelle im PPS-System (Abb. 19, linke Hälfte) 'Machbarkeitsschätzung'.

Es wurde versucht, die programmierten Folgen unzulässiger Annahmen wie 'Kapazitäten und Vorräte werden schon ausreichend vorhanden oder beschaffbar sein' mit Prioritätenrechnungen halbwegs wieder in den Griff zu bekommen, um den bereits eingetretenen Schaden wenigstens zu begrenzen.

Trotzdem haben uns die PPS-Systeme damals sehr viel weiter gebracht. Die Alternative z. B. der manuellen Stücklistenauflösung war unsicher, aufwendig und dauerte viel zu lange.

Der damalige Fortschritt mit PPS-Systemen darf uns aber heute nicht länger veranlassen, diesen Weg der 60er Jahre aus lauter Gewöhnung immer noch zu gehen!

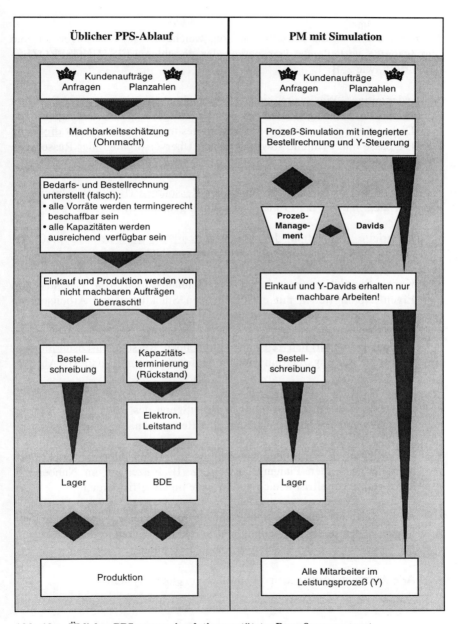

Abb. 19: Übliches PPS versus simulationsgestütztes Prozeßmanagement

Denn heute gibt es die Prozeßsimulation, welche die Anforderungen an eine durchgängige vorlaufende Transparenz des gesamten LEISTUNGSPROZES-SES erfüllt, wie z. B.

- jederzeitige "Was wäre, wenn..."-Betrachtungen alternativer Mixe von Aufträgen, Anfragen und Planzahlen losgelöst von der operativen Disposition und Steuerung, um zum frühestmöglichen Zeitpunkt drohende Engpässe und Fehlteile sowie drohende Überversorgung aller Ressourcen zu erkennen.

- Synchrone, vorlaufende Prüfung aller Ressourcen (Personal, Maschinen, Vorräte,...), bevor der Primärbedarf scharf gemacht wird.

- Integrierte Simulation der vorgelagerten Arbeitsplätze wie Auftragserklärung, Konstruktion, Arbeitsvorbereitung, NC-Programmierung,...

- Kurze Simulationszeiten auch bei Zehntausenden von Zukauf- und Eigenfertigungsteilen mit entsprechenden Stücklisten und Arbeitsplänen sowie Hunderten von Arbeitsplätzen.

- Erkennen der wirklich relevanten drohenden Ressourcen-Disharmonien, damit das Auftragszentrum nicht im Informationsmüll erstickt (Abb. 20 und 21).

- Programmierte Hilfen zur zügigen Beseitigung des Rückstandes und der dann notwendigen Harmonisierung aller Ressourcen.

- Fokussierung der Ressourcenbetrachtungen in frei wählbaren Zeitperioden über den gesamten Planungshorizont, z. B. Einzeltage im Nahbereich, Wochen im Mittelfristbereich und Monate im Langfristbereich.

- Kundenauftrags- und fertigungsauftrags-individuelle Realisierung von Sonderwegen in der Herstellung und Sonderlieferzeiten in der Versorgung zur Sicherung der den Kunden zugesagten Termine.

- Alle Anfragen, Aufträge und Planzahlen in einem System.

- <u>Dispositionsvorschläge</u> für neue Bestellungen inkl. Mahnungen und Umterminierungen bestehender Bestellungen und jetzt zu startende Fertigungsaufträge.

- Steuerung des gesamten LEISTUNGSPROZESSES auf dem Leistungs-Ypsilon als sofort verfügbare "Nebenprodukte" der Simulation. Damit wird die unmittelbare Steuerung der Wertschöpfer möglich, nachdem die Harmonisierung aller Ressourcen gelungen ist.

Wie dient die Leistungssimulation dem Prozeßmanagement?

Die Simulation muß jederzeit in der Lage sein, die sich aus den wechselnden Marktchancen ergebenden Primärbedarfe (Anfragen, Kundenaufträge und Planzahlen) mit allen ihren Ressourcenbedarfen synchron und entsprechend den vorhandenen und bisher geplanten Ressourcen Ihrer Arbeitsgruppen und Vorräte bedarfs- und termingerecht gegenüberzustellen.

Abb. 20:   **Vermeiden wir den Datentod des Prozeßmanagements**

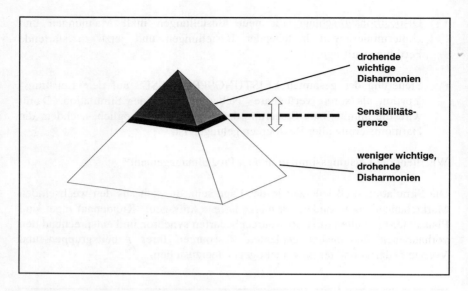

Abb. 21:   Das PM bestimmt die Sensibilität der Simulation

Analog einer Soll- und Haben-Darstellung in einem T-Konto.

Stellen Sie sich vor, die Simulation baut sich je Sachnummer (Zulieferteil, Eigenfertigungsteil,...) und je Arbeitsplatz und dann wiederum je zu betrachtende Zeiteinheit im Planungshorizont (Tag, Woche,...) ein T-Konto auf. Auf der Habenseite trägt die Simulation die von der jeweiligen Arbeitsgruppe gemeldete Kapazität bzw. für Vorräte die Bestände und die terminierten offenen Bestellungen bzw. freigegebenen Fertigungsaufträge ein. Auf der Sollseite bucht sie jene Ressourcenbedarfe, die sich aus der Auflösung der Primärbedarfe als terminierte Kapazitäts- und Materialbedarfe ergeben.

Sind einzelne T-Konten schlecht ausgeglichen, gibt die Simulation diese drohende Disharmonie dem PM zur Kenntnis. Das PM wird dann in Abstimmung mit der betroffenen Fachgruppe (Besitzer dieses Kontos) für die Ressourcenanpassung sorgen. Gelingt dieses, haben wir die angestrebte terminsichernde Harmonisierung dieser Ressource für den Zeitraum des T-Kontos erreicht (Abb. 22, Seite 60).

Beispiel:

Ein Unternehmen hat 10.000 Zulieferteile, 12.000 Eigenfertigungsteile und 600 Arbeitsplätze. Es will ein halbes Jahr (36 Wochen)in die Zukunft simulieren und möchte eine Wochenrasterung der zu betrachtenden Perioden. Dann ergibt sich folgende Anzahl dieser T-Konten:

-	10.000	Zukaufteile	x 36 Wochen =	360.000	T-Konten
-	12.000	Eigenteile	x 36 Wochen =	432.000	T-Konten
-	600	Arbeitsplätze	x 36 Wochen =	21.600	T-Konten

Insgesamt gleichzeitig zu betrachten   =   813.600 T-Konten

Sie erkennen, daß diese Arbeit nur von einem entsprechend konzipierten EDV-System zu bewältigen ist. Jeder Mensch ist hier überfordert.

Bei jeder ungeplanten Veränderung der bestehenden Auftrags-, Betriebs-, Bestands- oder Versorgungssituation, also des LEISTUNGSPROZESSES, können einzelne Konten aus dem Ruder laufen.
Ist so eine drohende Disharmonie für die Termintreue relevant, meldet die Simulation dieses als drohende Gefahr an das Prozeßmanagement. Der verantwortliche Beschaffer oder Chef eines betroffenen Arbeitsplatzes wird jetzt vom PM auf diese drohende Gefahr hingewiesen. Der Fachmann, also der Leistungserbringer, hat jetzt die Chance, den frühzeitig identifizierten drohenden Engpaß überlegt und kostengünstiger zu erweitern als ihm dieses bisher bei plötzlich erkannten Ist-Engpässen und bereits eingetretenen Terminverzügen möglich war.

Betrachten wir beispielsweise vier der vielen denkbaren kritischen Situationen im Unternehmen:

1. Fall: Die Simulation erkennt, daß ein Zulieferteil in 20 Tagen gebraucht wird. Ihr Einkauf hat in Ihrer EDV eine Lieferzeit von 100 Tagen für dieses Teil hinterlegt. Sofort stößt die Simulation das PM mit der Nase auf dieses "drohende Fehlteil".

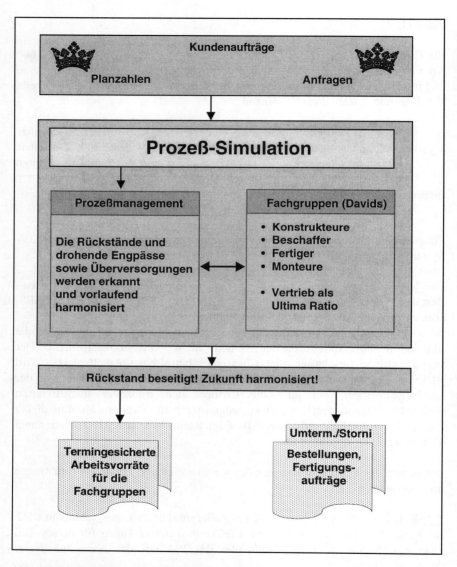

Abb. 22: Das harmonisierte und synchronisierte Unternehmen
Schnell! Termintreu! Ertragsstark!

Der Mitarbeiter im PM wendet sich an den zuständigen Beschaffer und gibt keine Ruhe, bis die Lieferung dieses Teiles innerhalb von 20 Tagen sichergestellt ist.

Nur in den seltenen Fällen, in denen das Teil unter gar keinen Umständen in 20 Tagen zu beschaffen ist, versucht der PM-Mitarbeiter, die Durchlaufzeit für diesen Auftrag so weit zu verkürzen, daß eine längere Beschaffungszeit akzeptiert werden kann, ohne den Kundentermin zu gefährden. In den jetzt noch ganz selten auftretenden Fällen, daß auch diese Maßnahme nicht zum Erfolg führt, spricht der PM-Mitarbeiter mit dem Verkauf und gibt ihm vorher durchsimulierte Empfehlungen, wie und wann welche der hinter dem Versorgungsengpaß stehenden Kundenaufträge alternativ behandelt werden kann:

• Entweder nehmen wir einem anderen nicht ganz so wichtigen Auftrag dieses Teil weg und terminieren den auf seinen dann realistischen Termin um oder

• wir bestätigen den neuen Auftrag, der dieses drohende Fehlteil provozierte, zu seinem späteren realistischen Termin. Dabei versuchen wir, die Übergangszeiten für diesen Auftrag individuell zu reduzieren, um den Auslieferungstermin möglichst wenig rausschieben zu müssen.

Beachten Sie bitte, daß nahezu alle für Kundenaufträge notwendigen Zusatzressourcen beschaffbar sind, wenn es das PM und damit die höchst engagierten Fachgruppen nur frühzeitig erfahren.

Der Weg des PM zum Verkauf wegen einer Terminverschiebung wird zu einer höchst seltenen Annahme.

Die in den allermeisten Fällen mögliche Lieferzeitverkürzung für das Zuliefererteil - hier auf 20 Tage - gibt der PM-Mitarbeiter für diesen einen Beschaffungsvorgang in die Simulation ein. Dieser drohende Engpaß ist jetzt im Vorfeld überwunden.

2. Fall: Die Simulation erkennt, daß eine Montagegruppe oder irgendein anderer Arbeitsplatz (Bohrwerk, Konstruktionsgruppe,...) in der sechsten Woche 20 Stunden mehr Kapazität braucht als bisher von dieser Gruppe als geplante Kapazität an das PM gemeldet wurde. Sofort stößt die Simulation das PM mit der Nase auf diesen drohenden Kapazitätsengpaß.

Sie ahnen die Analogie zum drohenden Fehlteil! Der PM-Mitarbeiter besucht den Sprecher der betroffenen Arbeitsgruppe, zeigt ihm die drohende Überlast und vereinbart mit ihm bereits jetzt, wie der zusätzliche Kapazitätsbedarf bereitgestellt wird, z. B. durch Überstunden, Samstagsschicht, Personalbereitstellung aus in dieser sechsten Woche nicht ausgelasteten Gruppen, Leiharbeiter, oder...

Wenn der gute Wille da ist, findet sich bei frühzeitiger Engpaßerkennung ebenfalls in fast 100 % aller Fälle eine Lösung.

Dem Betriebsrat fällt die Zustimmung zu flexiblerer Arbeitszeit natürlich viel leichter, wenn diese Maßnahmen frühzeitig vereinbart werden statt von jetzt auf gleich angewiesen werden müssen.

3. Fall: Die Simulation erkennt relevante drohende Unterauslastung bei besonders teuren Arbeitsplätzen. Hier drohen erhebliche Ertragsverluste. Das PM strengt sich an, für diese teuren Kapazitäten fakturierbare Arbeiten zu finden, entweder

• durch Hinweise an den Verkauf, damit er jene Produkte stärker verkauft, die diesen Arbeitsplatz nutzen,

• oder durch Hereinholen von Lohnarbeit. Sie spielen dann 'verlängerte Werkbank' für andere Unternehmen.

Erinnern Sie bitte an die besondere Ertragsrelevanz dieser Art Aufträge.

Nur in dem Ausnahmefall, daß unmittelbar nach einer drohenden Unterauslastung eine kostenmäßig nicht mehr vertretbare oder nicht realisierbare Überlast folgt, sollten Arbeiten vorgezogen werden, die erst später dran sind, denn:

> *Zu früh erbrachte Wertschöpfung verbraucht*
> *unnötig Vorräte und erhöht die Kapitalbindung.*

Lassen Sie Ihre Maschinen stehen, wenn keine Marktanforderungen (Aufträge, Planzahlen,...) vorliegen. Schulen Sie Ihre Mitarbeiter in den freien Zeiten, damit sie bei künftigen Überlasten an verschiedenen Arbeitsplätzen einsetzbar sind.

4. Fall: Die Simulation erkennt wesentliche teure vorhandene oder drohende Überbestände. Dieses erfährt das PM ebenso. Natürlich schlägt die Simulation eine Bestellung ohne Bedarf sofort zum Storno bzw. Teilstorno vor.

Zu hohe Vorräte ohne Bedarf sollten das PM zusätzlich veranlassen, gemeinsam mit den hier relevanten Fachbereichen (Verkauf, Einkauf, Konstruktion,...) zu überlegen, wie diese sonst zur Verschrottung anstehenden Vorräte für irgendeine Art von Umsatz genutzt werden können.

Das harmonisierte Unternehmen ist das realisierte Ökonomische Prinzip.

Es kommt also darauf an, alle Ressourcen auf dem Leistungs-Ypsilon ständig harmonisiert zu halten. Sie müssen davon überzeugt sein, daß Ihnen der Weg von der disharmonischen Ressourcennutzung (Abb. 15, Seite 48) zur durchgängig harmonisierten (Abb. 16, Seite 48) gelingt. Im ersten Schritt wenigstens so weit, daß Sie die drohenden Fehlteile und drohenden Überlasten durch Ressourcenanpassung so frühzeitig weg bekommen, also harmonisieren, daß keine erkennbaren Rückstandsverursacher übrig bleiben.

Daß ihr PM dieses mit Hilfe einer entsprechenden Prozeßsimulation und der Mitarbeit Ihrer wichtigsten Mitarbeiter schafft, genau das müssen Sie sich vorstellen können. In der Praxis ist es hinreichend bewiesen, daß das funktioniert.

Daraus resultiert folgende Forderung: Das PM darf erst Feierabend machen, wenn die Ressourcen mit dem Marktbedarf harmonisiert sind.

Die vorlaufende, durchgängige Harmonisierung aller
Versorgungen und Einzelleistungen auf dem Leistungs-Ypsilon ist die
erste von zwei K. O. - Bedingungen auf dem Weg zum
ertragsstarken flexiblen Unternehmen.

Damit dem PM die wichtige Abstimmung zwischen Marktanforderung und der Leistungserbringung zum frühestmöglichen Zeitpunkt gelingt, muß die Leistungssimulation dem PM mindestens folgende Informationen zur Verfügung stellen:

•   Die voraussichtliche Kapazitätsbelastung im Verhältnis zur bisher geplanten Kapazität zu jedem Termin für jeden Arbeitsplatz, bei dem von der Simulation relevante Abweichungen zwischen Ressorcenbedarf und Ressorcenangebot erkannt werden.

- Den Belastungsverursachernachweis für diese Arbeitsplätze, damit bei nicht ausgleichbarer Überlast Planzahlen oder Aufträge gezielt reduziert oder terminlich anders zugeordnet werden können.

- Die drohenden Fehlteile dann, wenn die noch zur Verfügung stehende Zeit wesentlich kleiner ist als die Beschaffungs- oder Herstellzeit dieser Sachnummer.

- Den Bestandsverwendungsnachweis, der aussagt, für welche Aufträge der vorhandene Dispositions-Bestand eingeplant ist.

- Den Rückstandsnachweis, der exakt und differenziert aufzeigt, welche Kapitalbindung in Vorräten unnötig im Rückstand stecken (ca. 30% aller Materialien und Halbfabrikate) sowie

- Die Bestände ohne Bedarf. Das sind jene überraschend hohen Bestände, Bestellungen und Fertigungsaufträge, für die trotz Auflösung des gesamten Primärbedarfes überhaupt kein Bedarf - mehr? - vorliegt. Ursache: z. B. Änderung des Absatzplanes.

- Die Führungsinformationen - wie z. B. der verbliebene Rückstand - ermöglichen der Unternehmensführung u. a. die Kontrolle, wie gut dem PM der Ressourcen-Abgleich gelungen ist.

Dieses sind die wichtigsten, von der Simulation synchron und gleichzeitig zu ermittelnden Mindestinformationen, damit das Prozeßmanagement überhaupt arbeiten kann.

2.4   Die besondere Bedeutung der Engpaßarbeitsplätze

Was glauben sie, wieviel Prozent Ihrer Arbeitsplätze Engpaßarbeitsplätze sind?

Schließlich stellen echte Engpaßarbeitsplätze wegen Ihrer Null-Ressourcen-flexibilität für das PM eine besondere Herausforderung dar.

Also: Wieviele Engpaßarbeitsplätze haben Sie? Wetten, Sie schätzen zu hoch! Weil Sie im Unternehmen immer wieder von Engpässen hören, die - das leuchtet ein - bei zu spätem Erkennen nur schwer aufzulösen sind.

Daß die Überschätzung der Engpaßanzahl ein weiteres Paradigma aus dem Istzustand ist, werden Sie gleich erkennen.

Wann ist also ein sogenannter Engpaß ein echter Engpaß? Ein echter Engpaß sieht wie folgt aus:

• Der Engpaßarbeitsplatz ist täglich 24 Stunden durchgehend ausschließlich mit Kundenaufträgen ausgelastet.

• Der Arbeitsplatz läuft auch in den Pausen durch.

• Er ist im eigenen Unternehmen durch andere Maschinen, Personen, Werkzeuge, usw. nicht substituierbar.

• Auch außerhalb Ihres Unternehmens findet sich keine Kapazität zur Entlastung dieses Arbeitsplatzes.

• Ihrem Technologiezentrum (Konstrukteure und Arbeitsplaner) fällt keine alternative Herstellungsart ein als diese Engpaßmaschine.

• Es ist sichergestellt, daß ausschließlich gute Teile - also kein Ausschuß - über diese kostbare Kapazität laufen.

• Ihr Einkauf sieht keine Möglichkeit, wenigstens einen Teil der auf dem Engpaß produzierten Teile auswärts zuzukaufen.

Erst wenn mindestens alle diese Kriterien ernsthaft geprüft sind, können wir von einem Engpaßarbeitsplatz reden. Sie werden erkennen, daß von Ihren sogenannten Engpässen kaum ein einziger übrig bleibt.

Fragen Sie sich jetzt bitte:

Welchen Ertragsverlust erleidet Ihr Unternehmen, wenn ein echter Engpaßarbeitsplatz eine Stunde umgerüstet wird?

Jawohl, Sie haben recht. Das kostet Sie eine Stunde Umsatz all jener Erzeugnisse, von denen auch nur ein einziges Teil über den echten Engpaß läuft. Allein dieser Ertragsverlust ist so groß - oft ein 5-stelliger DM-Betrag -, daß alle Stillstandszeiten inkl. Rüstzeiten dieses Engpasses so niedrig wie irgend möglich gehalten werden müssen.

Glücklicherweise gibt es nur ganz wenige echte Engpässe. Kaum ein Arbeitsplatz mit Rückstand ist ein Engpaß. Es kann auch nur ganz wenige Engpässe geben, denn wir wissen:

Eine Kette ist so stark wie ihr schwächstes Glied. Niemand würde sagen: "Eine Kette ist so stark wie ihre schwächsten Glieder." Also kann es schon aus dieser Sicht je Kostenträgergruppe maximal einen Engpaß geben.

Haben Sie also ein sehr kritisches Auge auf die sogenannten und ein hellwaches auf die echten Engpässe!

Was ist also zu tun, wenn Sie auf einen echten permanenten Engpaß stoßen? Wir müssen noch viel mehr tun als bei anderen Arbeitsplätzen, seine Verfügbarkeit hoch zu treiben und diese effizient zu nutzen, z. B.

- 24-Stunden-Dauerbetrieb sicherstellen

- Jeden Sonntag - wenn nicht produziert werden darf - vorbeugende Instandhaltung

- Keine Pausenzeiten zulassen. Also Springer einsetzen!

- Mehr Bediener ausbilden, als wir im worst case (Urlaub und Krankheit) brauchen

- Große Lose, sofern Rüstzeiten relevant sind

- Vor und hinter dem Engpaß Vorräte erhöhen:
  - vor dem Engpaß, damit der Engpaß niemals 'leerläuft'
  - hinter dem Engpaß, damit die Versorgung der folgenden Arbeitsplätze nicht abreißt

- Sicherstellen, daß kein Ausschuß über den Engpaß läuft

- Reihenfolgen optimieren

- Plan-Durchlaufzeit für diesen Arbeitsplatz bewußt erhöhen, damit Reihenfolgen optimiert werden können.

- Jeden einzelnen Arbeitsgang prüfen, ob dieser wirklich nur auf diesem Engpaß gemacht werden kann

- Investitionen für Rüstzeitreduzierungen sofort freigeben

- Investition für zweiten Arbeitsplatz schnell und wohlwollend prüfen

Meldet die Prozeßsimulation dem Prozeßmanagement eine drohende Überlast für so einen echten Engpaß, bleibt dem PM als ultima ratio - sofern Verschiebungen im Auftragsnetz (Prozeßstruktur) keine Erleichterung bringen - nur noch der Weg zum Verkauf.

Das PM legt dem Verkauf absolut transparent die voraussichtliche, nicht auflösbare Gesamtbelastung dieses Arbeitsplatzes inkl. Belastungsverursacher vor. Er entscheidet, 'welchen Tod er sterben will', z. B. :

- Reduzierung oder Verschiebung von Planzahlaufträgen, für die noch keine Kundenaufträge vorliegen,
- Mengenteilung eines Kundenauftrages,
- die Entscheidung, den Wunschtermin eines Kunden nicht zu akzeptieren oder
- im schlimmsten Fall - sofern der neue Auftrag wichtiger ist als ein bereits bestätigter - die Verschiebung eines Kundenauftrages auf einen anderen machbaren Termin.

Bedenken Sie, daß so eine drohende Überlast in der Regel nur durch Zusatzaufträge eintreten kann, denn gestern abend war unser Leistungsprozeß noch harmonisiert, also ohne drohende Überlasten.

Das PM ist gut beraten, vor dem Gang nach Canossa - also zum Verkauf - wirklich alle Chancen zur Ressourcenbeschaffung auszunutzen. Peinlich, wenn dem Verkäufer eine Lösung einfällt, die das PM nicht gesehen hat.

Dem Verkauf wird immer wieder unterstellt, er würde bei nicht machbaren Terminvorstellungen uneinsichtig sein.

Wir haben diese Erfahrung nicht gemacht. Wenn die Belastungs- und Versorgungssituationen für ihn transparent sind und er sich auf die Terminzusagen wirklich verlassen kann, ist er dem PM und den Fachbereichen ein wertvoller, konstruktiver Partner. So erleben wir das.

3.   Die Disposition und Steuerung des Leistungsprozesses

Wie wir die Machbarkeit des Primärbedarfs (Kundenaufträge und/oder Planzahlen) sichern, wie wir also die von unserem Unternehmen zu erbringende Leistung planen, haben wir in Kapitel 2 ausführlich beschrieben.

Mit der durchgängigen Ressourcenharmonisierung hat das PM mit Hilfe der Prozeßsimulation sichergestellt, daß die Beschaffer ihre Zukaufteile termingerecht zur Verfügung stellen können und die Mitarbeiter für ihre Arbeiten termingerecht ausreichend Kapazität haben werden.

Ein so harmonisiertes und synchronisiertes Unternehmen zeichnet sich im LEISTUNGSPROZESS auf dem Leistungs-Ypsilon dadurch aus, daß die für Kundenaufträge oder Planzahlen durchzuführenden einzelnen Operationen mit relativ kurzen Übergangszeiten termintreu durchgeführt werden können. Im Idealfall wird der Auftrag an den Folge-Arbeitsplatz genau dann gebracht, wenn dieser Arbeitsplatz diesen Auftrag weiterbearbeiten soll.

Ein synchronisiertes Unternehmen wird so geplant und gesteuert, daß sich die einzelnen an einer Leistung beteiligten Mitarbeiter so rechtzeitig gegenseitig zuliefern, daß jeder einzelne seine Arbeit termintreu leisten kann.

Sie erkennen bereits: Synchronisierung setzt absolute Termintreue und damit die vorherige Harmonisierung voraus.

Wie sie die harmonisierte Unternehmung erreichen, haben wir inzwischen behandelt. Sie werden erkennen, daß die Art und Weise, wie wir die Harmonisierung realisiert haben, das synchronisierte Unternehmen system-immanent nach sich zieht.

3.1   Die durchgängige Harmonisierung führt systembedingt zur Synchronisierung aller Aktivitäten

Um die so zwangsläufig herbeigeführte Synchronisierung zu erkennen, schauen Sie sich bitte einen harmonisierten Arbeitsplatz, wie in der Abb. 23 dargestellt, genau an.

Sie erkennen, daß dieser Arbeitsplatz seine Kapazität den vom Markt geforderten Ressourcen so gut angepaßt hat, daß wir hier von einem harmonisierten Arbeitsplatz sprechen können. Dieser Arbeitsplatz kann z. B. eine Konstruktionsgruppe, eine Maschinengruppe, eine Montagegruppe oder irgendeine andere Fachgruppe sein.

Der Sprecher dieser Fachgruppe hatte dem PM offensichtlich ein Kapazitätsangebot von ca. 70 Stunden für jeden der ersten 14 Tage gemeldet. Die Prozeßsimulation hat durch die deterministische zeitsynchrone Auflösung des Marktbedarfs über z. B. Stücklisten, Arbeitspläne und Zeitschätzungen festgestellt, daß vom 10. bis 12. Tag jeweils ca. 90 Std. Kapazität benötigt werden. Die Fachgruppe hat sich in diesem Beispiel entschieden, für diese drei Tage das Kapazitätsangebot z. B. durch Mehrarbeit oder zusätzliches Personal auf 94 Std. pro Tag zu erhöhen. Für den 7. bis 9. Tag wurde das Kapazitätsangebot also jeweils auf 94 Stunden angehoben.

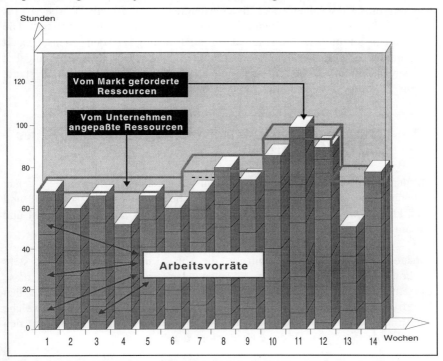

Abb. 23: Vorlaufende Ressourcenharmonisierung; die Ressourcen werden den Marktanforderungen flexibel angepaßt.

Weitere Mehrbelastungen, z. B. vom 7. bis 9. Tag wurden ebenfalls durch vorlaufende Kapazitätsanpassungen ausgeglichen.

Damit ist dieser Arbeitsplatz harmonisiert. Die erste K.O.-Bedingung, die gelungene Harmonisierung, ist erfüllt. Ist dieser Arbeitsplatz damit auch zu allen anderen Arbeitsplätzen synchronisiert? Die Antwort ist JA, sofern die Harmonisierung auch bei allen anderen Arbeitsplätzen, Zuliefer- und Eigenfertigungsteilen gelungen ist.

Genau das war die K.O.-Bedingung für die vorlaufende Harmonisierung.

Auch hier wird noch einmal deutlich, daß das PM die durchgängige Harmonisierung aller Arbeitsplätze und Materialien immer wieder sicherstellen muß, um die Synchronisierung der Davids und aller Zulieferungen zu sichern.

Ein harmonisiertes Zukauf- oder Eigenfertigungsteil, künftig als Oberbegriff für alle Teile "Sachnummer" genannt, ist in der Abb. 16, Seite 48, dargestellt. Die tagesgenau ermittelten Materialbedarfe sind analog zu den ebenso exakt berechneten Einzelbelastungen der Abb. 23 zu sehen. Das Ressourcenangebot bei den Sachnummern besteht aus Säulen, die für den Tag heute den Bestand, für die Zukunft offene Bestellungen oder Fertigungsaufträge darstellen.

3.2 Termingesicherte Arbeitsvorräte für die Mitarbeiter im Leistungsprozeß

Mit der gelungenen vorlaufenden Harmonisierung aller Ressourcen liegt genau fest, bis wann an welchem Arbeitsplatz welche Arbeit erledigt sein muß und auch kann, denn die Machbarkeit wurde bereits vorher zwischen dem PM und diesem Arbeitsplatz gesichert, ebenso evtl. notwendige Zulieferungen.

Schauen Sie dazu noch einmal bitte auf die Abb. 23 und fragen sich: "Was steht konkret hinter den einzelnen Säulen der ersten Tage? Sind diese Einzelbelastungen dem Betrieb bekannt? Die Antwort lautet: JA! Für den Kurzfristbereich sind nämlich längst Fertigungsaufträge freigegeben, welche die Einzelbelastungen verursachen. Diese Einzelbelastungen stellen den aktuellen Arbeitsvorrat für diese Fachgruppe dar.

Was hindert uns daran, diese Arbeitsvorräte aktuell für jede Fachgruppe auszudrucken und ihr sofort zur Verfügung zu stellen (Abb. 24)?

Sobald die Arbeitsgruppe einen neuen Arbeitsvorrat bekommt, arbeitet sie ausschließlich nach diesem aktuellen. Sie sehen, daß die Fachgruppe u. a. den spätesten Ecktermin - dann muß die Arbeit fertig sein - in der Arbeitsvorratsliste erkennt. Die Fachgruppe ist wie Ihre Lieferanten frei, die Reihenfolge ihrer Arbeiten zu optimieren. Auf keinen Fall darf so etwas aber zur Gefährdung der synchronisierten Ecktermine führen.

Damit haben wir die zweite und letzte K.O.-Bedingung für die harmonisierte und synchronisierte Leistungserbringung erkannt.

Die Fachgruppen dürfen die Reihenfolge ihrer Arbeiten verändern.
Aber sie müssen und können ihre Ecktermine unbedingt halten.

Die Termine auf der Arbeitsvorratsliste sind verbindlich. Die anderen Fertigungsunterlagen haben keinen aufgedruckten Termin mehr. Sie sind eher Auftragsbegleitpapiere.

End-termin	Start-termin	Auftragsnummer	Vorgangs-bezeichnung	Belastung [h]
21.09.96	20.09.96	A4711	MONTAGE LENKST.	6,8
22.09.96	21.09.96	A4711	MONTAGE TRETEI.	8,5
22.09.96	21.09.96	A4711	MONT.ZUBEHÖR	15,0
22.09.96	21.09.96	A4812	MONTAGE LENKST.	13,5
23.09.96	22.09.96	A4812	MONTAGE TRETEI.	16,8
23.09.96	22.09.96	A4812	MONT.ZUBEHÖR	30,0
24.09.96	23.09.96	A4711	MONT.SATTEL	6,7
25.09.96	24.09.96	A4812	MONT.SATTEL	13,3
26.09.96	26.09.96	A4711	MONT.LENKEINH.	0,0
27.09.96	27.09.96	A4812	MONT.LENKEINH.	0,0
28.09.96	27.09.96	A4913	MONTAGE LENKST.	13,5
29.09.96	29.09.96	A4711	MONT.RAHM.-RAD	0,0
29.09.96	28.09.96	A4913	MONTAGE TRETEI.	16,8
29.09.96	28.09.96	A4913	MONT.ZUBEHÖR	30,0
30.09.96	30.09.96	A4812	MONT.RAHM.-RAD	0,0
01.10.96	30.09.96	A4913	MONT.SATTEL	13,3

Abb. 24: Arbeitsvorrat je Arbeitsplatz

3.2.1   Die Bedeutung der Schnee- und Regenereignisse

Nun gibt es Praktiker, die den Eindruck haben, die ganze Harmonisierung würde nicht viel bringen. Nicht vorhersehbare Ereignisse würden die beste Harmonisierung immer wieder über den Haufen werfen. Hier müssen wir sehr aufpassen, daß wir nicht das Kind mit dem Bade auskippen.

Fragen Sie sich selbst: "Welche Ereignisse im Unternehmen sind wirklich nicht vorhersehbar, schicksalhaft wie Schnee und Regen?"

Dazu zählen Werkzeugbruch, Stromausfall, deutlich überdurchschnittliche Krankheitsquote, ein sonst zuverlässiger Lieferant liefert nicht termintreu und meldet sich auch nicht usw...

Schätzen Sie selbst: " Wieviel Prozent aller Störungen, denen ernannte und selbsternannte Terminjäger tagtäglich hinterherlaufen, sind auf diese schicksalshaften Ereignisse zurückzuführen?"

Selbst die härtesten Praktiker schätzen diese schicksalhaften Störungen auf höchstens 10% aller Störungen. Tatsächlich sind es noch viel weniger. Denn die Praxis zeigt:

In einem harmonisierten Unternehmen spielen die
Schnee- und Regenereignisse keine wesentliche Rolle mehr.

Erstens sind es sehr wenige. Zweitens fallen sie in eine harmonisierte Umgebung und können so sehr schnell und sicher beherrscht werden.

3.2.2   Das einfache Rückmeldesystem

In einem harmonisierten Unternehmen sind die Fachgruppen nahezu 100%, nehmen wir an zu mindestens 97%, termintreu. Welchen Sinn macht es jetzt, die Fachgruppe in 97 von 100 Fällen über ein anspruchsvolles, damit teures minutenaktuelles Betriebsdatenerfassungssystem melden zu lassen: "Wir sind pünktlich fertig!" Also lautet die Spielregel für die Rückmeldung zwischen dem PM und den Fachgruppen:

Wir gehen davon aus, daß jede Gruppe ihre Termine hält.

Sobald die Gruppe aber erkennt, daß ein Ecktermin gefährdet ist, und die Gruppe ihn mit eigenen Bordmitteln und Sondereinsatz nicht schafft, muß dieses sofort an das PM gemeldet werden, ohne EDV-System bitte, persönlich durch Zuruf oder Telefon.

Das PM versucht jetzt leistungsübergreifend, den Kundentermin dennoch zu halten. Die Chance dazu ist umso besser, je weiter dieser Störfall vor dem zugesagten Liefertermin liegt.

Sie erkennen, für die Steuerung der Wertschöpfer benötigen Sie keinerlei aufwendige, hochaktuelle Rückmeldesysteme. Hier gilt endlich nicht mehr: "Ein Steuerungssystem ist so gut wie sein Rückmeldesystem." Für die betriebswirtschaftlichen Informationen, z. B. für die Nachkalkulation, reicht ein einfaches tagesaktuelles Rückmeldesystem.

3.2.3   Der unnötige elektronische Leitstand

Können Sie sich vorstellen, daß eine überschaubare Arbeitsgruppe für die Verwaltung eines in seiner Machbarkeit termingesicherten Arbeitsvorrates einen Leitstand braucht? Wir auch nicht!

3.3   Termingesicherte Dispositionen für die Beschaffer

Mit der gelungenen vorlaufenden Harmonisierung liegt ebenfalls genau fest, bis wann welche Zukaufteile dem Betrieb zur Verfügung stehen müssen. Bei drohenden Fehlteilen haben die zuständigen Beschaffer dem PM vor Abschluß der Harmonisierung versichert, daß sie diese bedarfsgerecht beschaffen können.

Sicher können Sie sich vorstellen, daß eine Prozeßsimulation bei von ihr selbst errechneten exakt terminierten Bedarfen in der Lage ist, diese aktuellen Dispositionen in Bestellungen, Mahnungen, Umterminierungen auf früher oder später sowie Storni oder Teilstorni umzusetzen und dem Beschaffer ebenfalls als wertvolle operative Leistung der Simulation aktuell zur Verfügung zu stellen.

Somit wird also auch die Beschaffung unmittelbar nach der gelungenen Harmonisierung direkt vom PM mit ihrem aktuellen Arbeitsvorrat versorgt.

3.4 Anstoß für die Erstellung der Fertigungsunterlagen

Nach der Harmonisierung ist der Simulation exakt bekannt, wann welcher Fertigungs- oder Montageauftrag mit seinem ersten Arbeitsgang gestartet werden muß. Diese Termine hat die Simulation selbst errechnet. Also kann sie den Anstoß zur Erstellung der Fertigungsunterlagen um so viele Tage vor Start des ersten Arbeitsganges geben, wie Sie es gerne möchten.

Diese Fertigungsunterlagen haben aber den Charakter von Begleitscheinen für das Identifizieren des Fertigungsauftrages vor Ort. Die Terminführung dieser Aufträge geschieht - wie bereits geklärt - durch die aktuellen Arbeitsvorräte für die Fachgruppen (Abb. 24, Seite 71).

3.5 Die Fachgruppen im Kunden-/Lieferantenverhältnis

Jede Gruppe - unsere Davids - soll sich als ein kleiner Unternehmer verstehen. Versuchen Sie, soviel Verantwortung wie möglich auf diese Gruppen zu übertragen, z. B. für Qualität, Kosten, einfache Herstellung, Werkzeuge für mehr Produktivität, kleinere Reparaturen, usw.

Teilen Sie dazu Ihre im LEISTUNGSPROZESS auf dem Leistungs-Ypsilon tätigen Mitarbeiter in lauter überschaubare Gruppen von durchschnittlich 5-10 Personen auf, lassen Ihr PM alle Gruppen harmonisieren und lassen Sie diese Gruppen die besondere Wertschätzung insbesondere der Unternehmensführung wissen. Der Betriebsrat wird auf Ihrer Seite sein. Schließlich werden genau jene Menschen, für die er sich einsetzt, kräftig aufgewertet.

Die Gruppen sind in ihren Terminen untereinander synchronisiert und liefern sich im Kunden-/Lieferantenverhältnis gegenseitig zu (Abb. 25). Jede Gruppe ist im Leistungsprozeß gleichzeitig Lieferant und Kunde.

Zwischen den Gruppen entsteht ein sportlicher Wettbewerb um die besten Mitarbeiter und die besten Leistungen, wenn Sie das dafür günstige Unternehmensklima schaffen und eines Tages ein dieses Verhalten unterstützendes Entlohnungssystem realisieren.

Die Qualität der Leistungen steigt im Selbsterziehungsprozeß dieser Gruppen. Gelieferter Ausschuß wird dem "Lieferanten", also dem liefernden David, nicht durchgelassen. Der "Kunde", also der Folge-David, wird sich damit nicht herumschlagen wollen. Die Gruppen gehen äußerst effizient miteinander um.

Die Leistungen der einzelnen Gruppen können Sie in den Wettbewerb zu externen Unternehmen stellen. So bringen Sie zusätzlich die attraktive und lukrative Idee der Marktwirtschaft in Ihr sonst leider eher planwirtschaftlich geführtes Unternehmen.

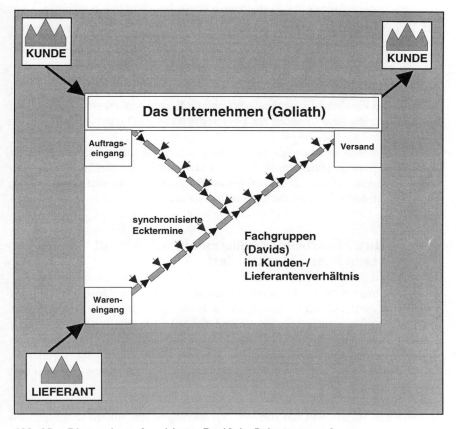

Abb. 25: **Die terminsynchronisierten Davids im Leistungsprozeß**

Zwischen Unternehmensführung und Davids muß ein Geist des Vertrauens und gegenseitiger Verpflichtung herbeigeführt werden.

Sie werden erstaunt sein, welche Vorschläge zur Leistungssteigerung von diesen Gruppen entwickelt werden.

Leistung muß Spaß machen, auch für diese Gruppenmitarbeiter. Sie werden ein starkes Absinken der Krankheitsquote feststellen können, wenn die David-Mitarbeiter wirklich den Eindruck haben, daß die Unternehmensführung diese Aufwertung aufrichtig meint und wirklich will.

Natürlich müssen die Mitarbeiter auf die Übernahme von mehr Verantwortung, auf die Gestaltung des Arbeitsplatzes und selbständige Einteilung der Aufgaben vorbereitet werden.
Dieses geht aber - weil sie es selbst wollen - zügig.

Das David-Konzept wird die Wettbewerbsfähigkeit Ihres Unternehmens enorm steigern, die Kundenzufriedenheit erhöhen, die Kosten senken, den Mitarbeitern bessere individuellere Chancen zur Weiterentwicklung anbieten.

Sie schaffen den Wettbewerb viel leichter, wenn Sie alle unternehmerischen Kräfte in Ihrem Haus mobilisieren, eben auch die der so wichtigen wertschöpfenden Basis, denen es obendrein noch Freude und Spaß macht, mitzudenken und mitzugestalten. Wenn Sie sie nur lassen!

3.6 Ihre Mitarbeiter reagieren blitzschnell auf veränderten Marktbedarf

Sie haben inzwischen eine binnen Stunden reagierende Organisation Ihres LEISTUNGSPROZESSES kennengelernt. In der Abb. 26 sehen Sie, daß nach jeder wesentlichen ungeplanten Veränderung der Auftrags-, Betriebs- oder Versorgungssituation das PM informiert wird und sofort eine neue Simulation gestartet werden kann. Die Simulationsdauer für die Auflösung Ihres gesamten Primärbedarfs beträgt je nach Mengengerüst zwischen wenigen Minuten und einer Stunde.

In der Regel liegen dem PM die aus Veränderungen im Umfeld resultierenden Konsequenzen in wenigen Minuten vor.

Sofort folgt - siehe Abb. 26 - die Harmonisierung mit den betroffenen Fachgruppen. Die weit verbreiteten zeit- und energieraubenden, mindestens wöchentlichen Terminsitzungen werden überflüssig. Nach gelungener Harmonisierung gehen folgende operative Informationen direkt vom PM

• an die Fachgruppen im Prozeß: Deren aktuellen Arbeitsvorräte,

• an die Beschaffer: Deren Bestellungen und Umdispositionen und

• an die entsprechenden EDV-Programme Ihres Unternehmens: Der Anstoß für die Erstellung der Fertigungsunterlagen und die Bestellschreibung.

Wenige Stunden nach der Veränderung im Kundenauftragsbestand arbeiten Ihre Mitarbeiter bereits für den neuen aktuell gültigen Marktbedarf.

Ganz besonders für die gebeutelten Automobil-Zulieferer ist die kurze sichere Reaktion auf veränderte Bedarfe der Autohersteller zur Überlebensfrage geworden. Aber auch in allen anderen Branchen wird Schnelligkeit und Flexibilität zunehmend zum Erfolgsfaktor im Wettbewerb.

3.7 Das synchronisierte Unternehmen ist jedem anders organisierten überlegen

Fassen wir zusammen, was das beschriebene harmonisierte und synchronisierte, mit lauter kleinen Unternehmern ausgestattete Unternehmen besonders auszeichnet:

• Ihr Prozeßmanagement kennt und optimiert das künftige Betriebs- und Versorgungsgeschehen, also Ihren LEISTUNGSPROZESS, ertragsmaximierend.

• Alle vorhandenen und insbesondere drohenden Zustände, die unseren Zielen - Vorrang: Ertragsmaximierung - im Wege stehen, werden *zum frühestmöglichen Termin* sicher erkannt und von Ihren besten Fachleuten beseitigt.

• Die indirekten, nicht wertschöpfenden Funktionen können durch die wachsende Selbständigkeit und das jetzt stärker genutzte Know-how der Davids ausgedünnt werden (s. Kapitel 5 und 9).

- Sie brauchen sich kein komplexes, hochintegriertes PPS-System zuzulegen.

- Die Verantwortung für die terminsichere, hochqualifizierte Leistungserbringung wird direkt an die wertschöpfenden Mitarbeiter (Davids) delegiert.

- Sie kombinieren die Markt- und Finanzmacht des groß gewordenen Unternehmens - Goliath - mit der Schnelligkeit, Flexibilität und Begeisterung der Fachgruppen.

- Sie behandeln diese Fachgruppen als kleine Unternehmer.

Können Sie sich die Überlegenheit eines so organisierten Unternehmens vorstellen? Kein Wunder, daß die namhaften Betriebswirtschaftler der Welt, wie z. B. der weltweit anerkannte Fachmann für Unternehmensorganisation, Herr Prof. Eliyahu M. Goldratt, dem harmonisierten und synchronisierten Unternehmen die größten Wettbewerbschancen einräumt.

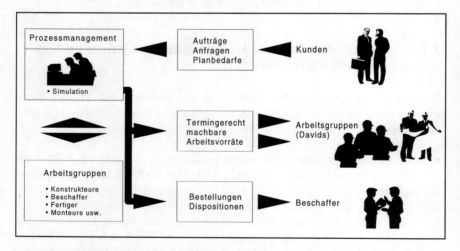

Abb. 26: **Ertragsstarke Planung, Disposition und Steuerung des Leistungsprozesses**

4.   Basisdaten für die Prozeßsimulation

Diese Simulation soll auf der Basis des jeweils aktuellen Primärbedarfs (Kundenaufträge, Planzahlen, Anfragen) blitzschnell für die Zukunft ausrechnen:

Zu welchen Terminen werden welche Ressourcen
zu termintötenden Engpässen?

Dann kann das PM unmittelbar mit den betroffenen Davids für diese Ressourcen die Harmonisierung herbeiführen. Gleichzeitig soll die Simulation aufzeigen:

Zu welchen Terminen werden welche Ressourcen
ertragsfressend überversorgt sein?

Dann kann das PM unmittelbar mit den verantwortlichen Davids entweder die Überversorgung abwenden oder gemeinsam mit dem Verkauf oder anderen Stellen im Unternehmen eine umsatzbringende Nutzung dieser drohenden Überversorgungen herbeiführen.

Obwohl die umsatzbringende Verwendung sonst ungenutzter Ressourcen zuhöchst ertragsrelevant ist, muß bei der Einführung dieser Organisation zunächst die Termintreue, also das Vermeiden von drohenden Engpässen, die höchste Priorität haben.

Jetzt stellt sich die Frage:

"Welche Basisdaten benötigt eine durchgängige Prozeßsimulation?"

Sie werden in den folgenden Ausführungen erkennen:

Alle für die Simulation benötigten Daten sind Ihrem Unternehmen vorhanden
oder leicht zu beschaffen (Abb.27).

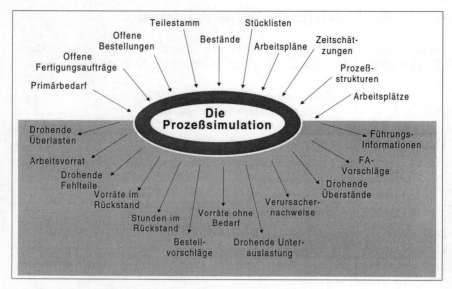

Abb. 27:   Basisdaten für die Prozeßsimulation und ihre Ergebnisse

4.1   Der Primärbedarf

Darunter verstehen wir jene Produkte und Leistungen, die uns der Markt in der Zukunft abnehmen wird.

In der Regel sind dieses Erzeugnisse und Ersatzteile. Es können aber auch Dienstleistungen wie Entwicklungs- und Konstruktionsaufträge sein.

Der Primärbedarf besteht üblicherweise aus terminierten Kundenaufträgen und/oder Planzahlen des Verkaufs.

Die allermeisten Industrieunternehmen verwalten diesen Primärbedarf längst auf Ihrer EDV-Anlage. Damit stehen sie der Simulation zur Verfügung.

Die synchrone deterministische Auflösung des Primärbedarfs über Stücklisten, Arbeitspläne und Zeitschätzungen führt dann zu terminierten Einzelbedarfen für alle Ressourcen wie Vorräte, Arbeitsplätze, Werkzeuge usw.

Diese Einzelbedarfe (Sekundärbedarfe) stellen die Sollbuchungen auf den T-Konten je Ressource und Termin dar:

* terminierte Materialbedarfe,
* terminierte Kapazitätsbedarfe.

Die Lagerbestände stellen die Haben-Buchungen auf dem T-Konto 'Heute' dar. Bestellungen und Fertigungsaufträge sind künftige Bestände und werden als Haben-Buchungen auf jene T-Konten gebucht, welche den Lieferterminen dieser Zulieferungen von Lieferanten oder aus der eigenen Fertigung entsprechen.

Sie sehen: Der Vergleich der T-Kontostände je Sach-Nummer und Termin zeigt der Simulation ganz selbstverständlich exakt terminierte drohende Unter- und Überversorgungen auf.

Die Informationen über die Bestands- und Zuliefersituationen sind in der Regel ebenfalls in der bestehenden EDV vorhanden.

4.2 Die Arbeitsplatzkapazitäten

Die aus den Primärbedarfen abgeleiteten terminierten Kapazitätsbedarfe je Arbeitsplatz stellen die Soll-Buchungen für die T-Konten je Arbeitsplatz dar.

Ein Arbeitsplatz kann ganz im Sinne unserer kleinen Unternehmer, unserer Davids, z. B. eine Konstruktionsgruppe, ein NC-Team, ein Lehrenbohrwerk, eine Montagegruppe oder die nutzbare Montagefläche sein.

Die nutzbaren Arbeitsplatzkapazitäten werden ohne großen Aufwand vom David-Sprecher aktuell an das PM für die Zukunft gemeldet. Entsprechend z. B. der Urlaubsplanung kann der David dem PM sein Kapazitätsangebot ständig aktuell mitteilen. Sie erkennen, die Meldung der voraussichtlichen Kapazitätsangebote je Arbeitsplatz ist keine aufwendige Sache.

Hier sei nochmals darauf hingewiesen, daß die Kapazitätsangebote durch die ständigen Harmonisierungsaktivitäten des PM mit den Davids relativ häufig den tatsächlichen Forderungen des Marktes angepaßt werden. Denn wir wollen die

Flexibilität unserer Ressourcen, nicht die Flexibilität der Kundentermine.

4.3 Die Prozeßstrukturen

Wir haben inzwischen die notwendigen Soll- und Haben-Buchungen behandelt. Sie werden sich jetzt fragen:

> *"Wie finden wir von den Primärbedarfen zu den terminierten Einzelbedarfen je Ressource, also je Arbeitsplatz und Sachnunmmer?"*

Woher erfahren wir also, welche Einzelleistungen zu welchem Termin auf den unterschiedlichen Arbeitsplätzen erbracht werden müssen, damit die Ihren Kunden zugesagte Gesamtleistung - wie sie Sie auch immer anbieten - zu dem vereinbarten Liefertermin erbracht ist? Wir brauchen also pro zu erbringende Gesamtleistung, z. B. für ein Erzeugnis eine Art Rezeptur, in der alle benötigten Ressourcen wie z. B. Zukaufteile und Fremdleistungen sowie alle Eigenfertigungsteile und durchzuführende Eigenleistungen, auch z. B. Konstruktion, enthalten sind.

Diese 'Rezeptur' haben wir im Hinblick auf ihre besondere Verwendung in der Simulation <u>Prozeßstruktur</u> genannt und wie folgt definiert:

> *Eine Prozeßstruktur besteht aus jenen voneinander abhängigen Vorgängen, die zur Erbringung einer Leistung notwendig sind und in ihrer Machbarkeit vorlaufend gesichert und leistungsbegleitend überwacht werden soll.*

4.3.1 Prozeßstrukturen für die reine Serienfertigung

In der reinen Serienfertigung beschreiben die Stücklisten und Arbeitspläne jene Ressourcenbedarfe, die im wesentlichen für die Leistungserbringung je Erzeugnis erforderlich sind (Abb. 28). Die Simulation übernimmt diese und verheiratet sie in jeweils <u>eine</u> Leistungsstruktur je Erzeugnis (Abb. 29). Mit dieser geschickten Verknüpfung von Stücklisten und Arbeitsplänen zu Prozeßstrukturen und deren gleichzeitige Auflösung sichert sich die Simulation u. a. folgende Vorteile:

• Die synchrone vorlaufende Verfügbarkeitsprüfung <u>aller</u> notwendigen Ressourcen kann systemimmanent sichergestellt werden. Das ist eine unverzichtbare Forderung, denn bedenken Sie bitte:

Es ist völlig gleichgültig, welche einzelne Ressource
für die Leistungserbringung fehlt. Sobald eine
einzige nicht vorhanden ist, platzt der Termin,
Rückstand baut sich auf, Durchlaufzeiten und Kapitalbindung
steigen, die Produktivität sinkt.

- Mit der Prozeßstruktur werden Sie für jede der Ihren Kunden zugesagten Leistungen auf Knopfdruck erkennen können, welche drohenden Ressourcen-Disharmonien Ihre Aufträge gefährden, damit Sie diese sofort und in sinnvoller Reihenfolge - die am schwierigsten aufzulösenden Disharmonien zuerst - vorlaufend harmonisieren können.

- Systemimmanent vermeidet die Simulation zu frühe Kapitalbindung durch die oft großzügig angegebenen Vorlaufzeiten der Disponenten für die Bereitstellungstermine der Komponenten. Die Simulation errechnet auch die Bedarfstermine für die Stücklistenpositionen aus den insgesamt kürzeren Vorgabe- und Durchlaufzeiten der Arbeitsplaner.

- Die Prozeßstruktur enthält pro Kundenauftrag oder Planzahl alle benötigten Ressourcenbedarfe. Wenn Sie wollen, auch jene für Gemein-kosten-Arbeitsplätze (s. Kapitel 9).

- Da in der Prozeßstruktur alle notwendigen Ressourcenbedarfe mit Terminen enthalten sind, ist für die Simulation jederzeit feststellbar, welche Einzelleistungen (Zulieferung oder Bestände und Arbeitsplätze in der Eigenleistung) welche Kundenaufträge aufhalten werden. Der sogenannte ständige Nachweis des Primärbedarfsverursachers ist hier systemimmanent gesichert.

- Dasselbe gilt für die ständige auftragsbezogene Kenntnis, wie weit jeder einzelne Vorgang fertiggestellt ist.

- Ist eine Leistung in einer Prozeßstruktur unter äußerster Anstrengung nicht termingerecht zu erbringen, zeigt die Prozeßstruktur dem PM Möglichkeiten, auftragsbezogen die Durchlaufzeiten zu nutzen, um den Endtermin doch noch zu schaffen oder in extremen Ausnahmesituationen die Notwendigkeit, den Endtermin eines Kundenauftrages zu verschieben, damit alle anderen sonst unnötig frühen Leistungen inkl. Zulieferungen nicht zu verfrühter Wertschöpfung und unnötiger Kapitalbindung führen.

Stücklisten und Arbeitspläne

Stückliste:

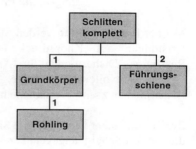

Schlitten komplett		
FS	MG	Bezeichnung
1	1	Grundkörper
2	1	Rohling
1	2	F-Schiene

Arbeitspläne:

Grundkörper	Rüstzeit	Stückzeit
AFO10: Schleifen	0 min	4 min.
AFO20: Bohren	5 min.	10 min.
AFO30: Fräsen	10 min.	20 min.

Schlitten komplett	Rüstzeit	Stückzeit
AFO10: Vormontieren	5 min.	20 min.

Abb. 28:   Stücklisten und Arbeitspläne

- Soll im Einzelfall z. B. auf Ausweicharbeitsplätze ausgewichen werden, ist die Prozeßstruktur dieses Auftrags leicht am Bildschirm als Graphik änderbar.

- Die Summe der einzelnen Vorgänge aller Prozeßstrukturen repräsentieren den gesamten terminierten Bruttobedarf an Ressourcen. Durch Abzug der vorhandenen Ressourcen gewinnt die Simulation unmittelbar alle vom Einkauf und Ihren eigenen Wertschöpfern zu erbringenden Netto-Einzelaktivitäten.

- Der kritische Pfad wird sogar optisch sichtbar.

- Prozeßstrukturen lehren Ihre Mitarbeiter, in Prozessen, statt tayloristisch zu denken. Vergleichen Sie dazu die Abb. 28 und 29. Beide haben denselben Informationsgehalt. Wo erkennen Sie in der Abb. 28 irgendeinen Prozeßcharakter?

- Prozeßstrukturen sind leicht erweiterbar durch z. B. Konstruktionsvorgänge oder Gemeinkostenvorgänge (s. Kapitel 9).

Stücklisten und Arbeitspläne haben nichts zu tun mit Prozeßdenken. Sie beschreiben nur einen Teil der für eine Gesamtleistung notwendigen Einzelleistungen. Sie erhalten das tayloristische Denken der Mitarbeiter.

Erinnern Sie bitte die Empfehlung, Konstrukteure und Arbeitsplaner zu Technologie-Teams zusammenzulegen. Wie lange werden diese weiterhin im selben Team hier Stücklisten, da Arbeitspläne erarbeiten? Unsere ersten Kunden mit - zugegeben - wenigen Fertigungsstufen haben ihre Grunddatenverwaltung inzwischen von Stücklisten und Arbeitsplänen auf Prozeßstrukturen umgestellt.

In Verbindung mit der PM- und David-Organisation stellen die Prozeßstrukturen die Basis für eine sehr einfache erfolgreiche Planung und Steuerung des gesamten LEISTUNGSPROZESSES dar. Es realisiert sich auch hier eine Erkenntnis des großen französischen Philosophen und Technikers Antoine de Saint-Exupéry:

"Die Technik entwickelt sich stets
vom Primitiven über das Komplizierte
zum Einfachen."

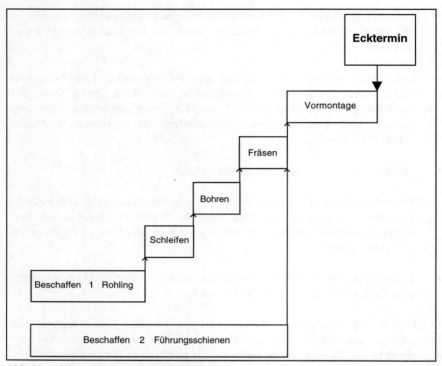

Abb. 29:   Wertschöpfungs-Prozeßstruktur

Fassen wir zusammen, was über die benötigten Grunddaten für die Serienfertigung festzustellen ist:

Die vorhandenen Grunddaten (Stücklisten und Arbeitspläne) reichen völlig aus, der Simulation die synchrone deterministische Ermittlung jener Ressourcenbedarfe zu ermöglichen, die für die harmonisierte, synchronisierte Produktion erforderlich sind. Sie sind alle in den vorhandenen Grunddaten enthalten.

Das professionell arbeitende PM wird diese Grunddaten später um z. B. Bereitstellungs-, Transport- und Prüfarbeitsfolgen ergänzen wollen, um z. B. auch die Bereitstellungs-, Transport- und Prüferarbeiten noch besser planen, disponieren und steuern zu können.

Damit werden diese von der Steuerung oft vernachlässigten Arbeiten ebenfalls transparent, dimensionierbar und gezielt steuerbar.

4.3.2 Einzelfertigung

Hier können wir nicht durchgängig auf vorhandene Stücklisten und Arbeitspläne zurückgreifen. Dennoch spricht alles dafür, der Idee der Prozeßstruktur treu zu bleiben.

Was hindert Sie daran, für jeden kundenindividuellen Einzelauftrag alle auftragsindividuellen Vorgänge (z. B. Einzelbeschaffungen, externe Leistungen und interne Wertschöpfungen) von Hand, aber EDV-geführt in einer Prozeßstruktur wie einen Netzplan zusammenzufügen?

Jeder Vorgang hat dann das gleiche Gewicht und denselben Termindruck. Es gilt dann nicht mehr: "In der Montage holen wir minutenweise wieder herein, was wir in den vorgelagerten Bereichen wochenweise verloren haben."

Abb. 30, S. 89, zeigt eine vereinfachte Darstellung einer Prozeßstruktur für einen individuell gestalteten Kundenauftrag. Die Japaner nennen diese Darstellung den 'Process-Flowchart'. In diesem Beispiel ist

• die Montage z. B. mit einer Durchlaufzeit von 8 Tagen und einer Monteurbelastung von 100 Stunden geschätzt worden.

• Drei Tage nach Montagebeginn wird eine Hydraulikeinheit benötigt, die eine Beschaffungszeit von 30 Tagen hat.

• Für den Montagestart wird ein noch zu konstruierendes Drehteil benötigt. Die Konstruktions-, Arbeitsvorbereitungs- und Drehzeiten für dieses neue Teil wurden von den Fachleuten ebenfalls geschätzt.

• Ebenfalls zur Beginn der Montage muß ein "Schlitten komplett" fertig sein. Diese Baugruppe ist im Unternehmen bekannt. Dafür gibt es Grunddaten (Abb. 28, S. 84 und Abb. 29, S. 86).

• Die Simulation kopiert sich daher die Prozeßstrukturen der bereits bekannten Baugruppen in die auftragsindividuelle Leistungsstruktur (Abb. 30) hinein und erhält so wiederum die den kompletten Kundenauftrag beschreibende Prozeßstruktur mit allen durchzuführenden Vorgängen.

Es versteht sich von selbst, daß das PM versucht, in enger Zusammenarbeit mit dem Verkauf und den Davids - insbesondere der Konstruktion - die Prozeß-strukturen so schnell wie möglich vollständig zu erstellen, damit auch in der Einzelfertigung die Planung und Steuerung des LEISTUNGSPROZESSES nach derselben Methode wie in der Serienfertigung zuverlässig erfolgen kann.

Daten aus der Vorkalkulation und der Rückgriff auf bisher durchgeführte ähnliche Aufträge sind wertvolle Starthilfen zur Erstellung der auftragsindividuellen Prozeßstruktur. Mit jedem Konstruktionstag wird die Prozeßstruktur vollständiger und zuverlässiger als Basis für die gesamte Disposition und Steuerung jedes einzelnen Kunden- oder Entwicklungsauftrages.

Damit dem PM die Prozeßstruktur nicht unnötig umfangreich und unübersichtlich wird, läßt sich das PM beim Aufbau einer auftragsindividuellen Prozeßstruktur von folgender Regel leiten:

"Ich fasse jene Vorgänge zu einer
Prozeßstruktur zusammen, die
ich terminlich sichern und
überwachen will!"

Je nach Umfang eines Kundenauftrages entstehen erfahrungsgemäß 30 - 1000 individuelle Vorgänge in einer Prozeßstruktur, exkl. jener, die sich die Simulation aus bekannten Baugruppen in die Struktur kopiert. Diese Datenmengen sind problemlos von der Prozeßsimulation beherrschbar.

Die Simulation muß in der Lage sein, die jeweils aktuelle Prozeßstruktur mit ihrem Arbeitsfortschritt auszuplotten, damit sich jeder Beteiligte, auch Ihr Kunde, ständig ein exaktes Bild über den Stand eines ausgewählten Auftrages machen kann.

Die Verkäufer von Unternehmen der Einzelfertigung nehmen diese geplotteten Prozeßstrukturen gern mit zu ihren Kunden als vertrauensbildende Maßnahme und um sie auf die Terminrelevanz eigener Zulieferungen hinzuweisen (Abb. 30). Die Prozeßstruktur stellt darüber hinaus natürlich eine ausgezeichnete Basis für eine mitlaufende Nachkalkulation dar.

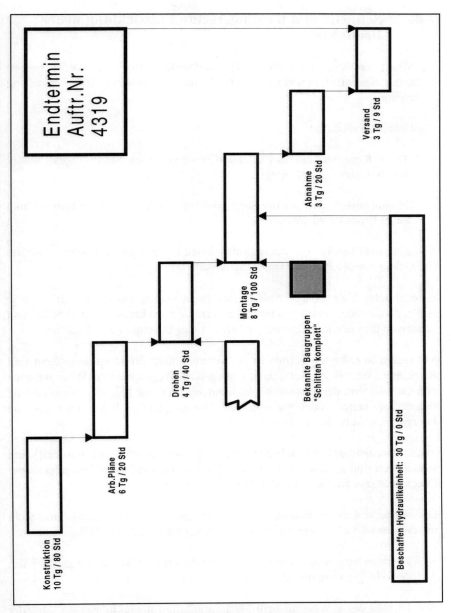

Abb. 30: Leistungsstruktur aus der Eigenfertigung bis zur bekannten Baugruppen

4.4 Schnelle und termingerechte Entwicklung neuer Produkte

Für die Einzelfertiger ist dieses Thema "täglich Brot". Es wurde soeben behandelt. Serienfertiger und KFZ-Zulieferer tun sich mit dieser Aufgabenstellung oft schwer.

Die Gründe sind häufig:

•   Totale Konzentration der Planer und Steuerer auf das Serien-Tagesgeschäft, welches "den Umsatz bringt",

•   Planungsmethoden aus der Serie sind eben nicht 1:1 auf die Entwicklung neuer Produkte zu übertragen.

So findet man häufig eine wenig professionelle Planung und Steuerung für die Entwicklung neuer Produkte bis zur Serienreife.

Eine übliche, aber wenig erfolgreiche Vorgehensweise besteht darin, sich je Auftrag von allen Beteiligten deren Ecktermine nach Erfahrung und Schätzung nennen zu lassen. Diese Termine gaukeln nur eine Scheinsicherheit vor, denn:

Mit jedem so erfragten Termin ist der Verzug bereits programmiert. Denn kein Beteiligter kann bei der Vielzahl der vorliegenden Vorgänge, ihren Abhängigkeiten voneinander und deren ständige Änderungen auch nur halbwegs verbindliche Ecktermine nennen oder gar einhalten. Die abgefragten Ecktermine sind die Energie nicht wert, sie zu ermitteln.

Ohne durchgängige Berücksichtigung der vorhandenen und beschaffbaren Ressourcen sind geschätzte Terminangaben unrealistisch und führen trotz langer Durchlaufzeiten zu ständigen Terminüberschreitungen.

Die schnelle Entwicklung neuer Produkte ist aber aus strategischer Sicht mindestens so wichtig wie der schnelle Durchlauf der Serienprodukte, denn:

•   Je früher eine neue, gute Idee als Produkt auf dem Markt angeboten wird, desto länger kann man die Preise bestimmen.

•   Ist man der Zweite auf dem Markt, muß die Entwicklung noch schneller sein, damit sich der Wettbewerb mit seinem Produkt nicht zu sehr etabliert.

KFZ-Zulieferer sehen zurecht eine große strategische Chance in einer schnellen und auch organisatorisch professionellen Planung und Steuerung von Entwicklungen und Neuanläufen. Sie wirken bei den KFZ-Herstellern - ihren wesentlichen Auftraggebern - kompetent, gewinnen Attraktivität und in der Regel bei erfolgreicher termingerechter Entwicklung - auch die ersten Aufträge zu interessanten Konditionen.

Zur Lösung dieser organisatorischen Aufgabe "Schnelle und termingerechte Entwicklung neuer Produkte" kann - analog der Einzelfertigung - folgendes empfohlen werden:

* Das PM ist die verantwortliche Stelle für schnellen termingerechten Durchlauf über den gesamten Entwicklungsprozeß.

* Diese Stelle hat dann bereits die besprochene Simulation zur Ressourcenharmonisierung.

* Aufteilen jedes Entwicklungsauftrages in jene Vorgänge, die terminlich überwacht werden sollen. Es entsteht die bereits behandelte Prozeßstruktur je Auftrag.

* Errechnen der Konsequenzen mit der Prozeßsimulation.

* Ressourcenharmonisierung mit den Fachgruppen herbeiführen.

* Aktuellen Arbeitsvorrat mit verbindlichen Eckterminen an die beteiligten Stellen verteilen und die Termineinhaltung überwachen.

So können - wie in der Einzelfertigung - auch in der Produktentwicklung innerhalb weniger Monate erstaunlich kurze Durchlaufzeiten und hohe Termintreue erreicht werden.

Die Auftraggeber (Kunden oder eigene Unternehmensführung) gewinnen Vertrauen in Terminzusagen. So sollte man sie mit der hier ebenfalls empfehlenswerten Graphik über Struktur und Entwicklungsstand eines jeden Auftrages ständig aktuell informieren, eine zusätzlich geschickte Marketingmaßnahme für diese wichtigen Aufträge.

4.5   Haben wir die notwendigen Basisdaten?

Wir haben erkennen können, daß jene Daten, die für die

simulationsgestützte Planung und Steuerung des LEISTUNGSPROZESSES

notwendig sind, vorhanden sind oder aber relativ leicht beschafft werden können. Alle Informationen sind im Unternehmen verfügbar. Jede Leistung kann mit ihren einzelnen Vorgängen beschrieben werden.

Auf das hinreichend bekannte Argument "Ja, aber die Daten sind im schlechten Zustand und müssen zunächst einmal richtiggestellt werden", dürfen Sie nicht hereinfallen. Es werden sonst Jahre vergehen, und Ihre Grunddaten stimmen immer noch nicht.

Starten Sie mit durchaus z. T. nicht korrekten Daten. Die Simulation wirft Ihnen die Konsequenzen unkorrekter Daten aus. Sie bereinigen die Ursachen und merzen damit die gröbsten Fehler der Grunddaten systembedingt aus. Nach wenigen Monaten haben Sie mit dieser Roßkur nach der genialen 20/80-Regel Ihre Grunddaten hinreichend sauber.

4.6   Systembedingt zu optimalen Grunddaten

Glauben Sie wirklich, daß der meistens praktizierte Weg zur Erstellung und Pflege von Stücklisten und Arbeitsplänen Zeiten spart und zu einer hohen Produktivität führt? Wie sieht dieser Weg heute aus?

Die Konstruktion erstellt fern der Fertigung die Zeichnungen und Stücklisten. Diese werden an eine andere Abteilung, die Arbeitsvorbereitung, weitergereicht. Diese erstellt auf der Basis der Konstruktion Arbeitspläne für jene Facharbeiter, die oft viel besser wissen, wie man so etwas herstellt. Das tun sie dann auch, wenn sie endlich die Fertigungsunterlagen erhalten haben. Ihre Ideen, wie es schneller, billiger und besser geht, nutzen sie für Ihren Leistungslohn. Ihre Kompetenz ruft ohnehin niemand ab. Welche Verschwendung wertvollster Erfahrungen für höhere Produktivität und Qualität!

Warum bringen wir nicht die Konstruktion und den arbeitsplanenden Teil der Arbeitsvorbereitung - die Technologen - in ein Team? Nennen wir dieses Team z. B.:

Technologiezentrum, TZ.

Dort können die Konstruktions- und Fertigungsunterlagen gemeinsam mit den Arbeitsplanern sofort viel fertigungsgerechter erstellt werden. Die Unterlagen sollten gerade so detailliert sein, daß die Wertschöpfer wissen, was sie in welchen generellen Schritten herstellen sollen.

Dann lassen Sie die praxiserfahrenen Wertschöpfer überlegen, was sie alles schneller, besser, billiger machen könnten. Das melden Sie an das TZ zurück. So finden Sie mit viel weniger Aufwand als heute systemimmanent zu praxisgerechteren technischen Unterlagen und interessanteren Kalkulationen.

Natürlich sollte ein entsprechendes Entlohnungssystem die Wertschöpfer zusätzlich motivieren, ihr Wissen um kostengünstigere und die Qualität Ihrer Produkte steigernde Herstellung einzubringen. Mit den üblichen Leistungslohn-Systemen - sie wirken produktivitätsbremsend - ist so etwas Großartiges natürlich nicht möglich.

5.   Ertragspotential Mitarbeiter

Der gegenwärtige und - noch stärker - der künftige Wettbewerb wird zeigen, daß jenes Unternehmen im Markt und Ertrag die Nase vorn hat, welches das Ideen- und Produktivitätspotential seiner Mitarbeiter durchgängig über alle Hierarchie- stufen am besten zu nutzen weiß. Edward de Bono stellt sicher zutreffend fest:

"In Zukunft wird die Kreativität
eines Unternehmens über
seinen Erfolg entscheiden."

Der Mensch im Unternehmen ist der einzige Produktionsfaktor mit Kreativitäts- und Problemlösungspotential. Wie gehen wir damit um?

5.1   Ursachen begrenzter Produktivität und hohen Krankenstandes

Hier soll nur auf die mitarbeiterbezogenen Ursachen eingegangen und beispielsweise die wesentlichen Sünden wider die Menschen aufgezeigt werden.

5.1.1   Die Hierarchie erdrückt Ideen

Sicher werden Sie der Feststellung von Herrn Prof. Peter (Peter-Prinzip) zustimmen:

"Die Leistung einer
Hierarchie verhält sich
umgekehrt proportional
zu ihrer Höhe."

Welche Motivation ein Wertschöpfer auf der Hierarchie-Ebene 5, 6 oder gar 7 hat, noch einmal einen Verbesserungsvorschlag zu wagen, kann man sich gut vorstellen.

Institutionalisierte, in Abständen tagende Verbesserungsvorschlagskommissionen versuchen trotz hoher Prämienangebote mit begrenztem Erfolg, das Wissen der Basis für höhere Produktivität und bessere Qualität zu nutzen.

Wer selbst einmal an der Basis gearbeitet hat, kennt die psychologischen Hindernisse, sich offen mit Verbesserungsvorschlägen zu artikulieren.

5.1.2   Die praktizierte Entlohnung

In einer von Mißtrauen geprägten Kultur sind natürlich Leistungsanreize über z. B. Akkordentlohnung erforderlich, damit die zu erledigenden Arbeiten einigermaßen effizient erbracht werden. Dabei weiß jeder, der einmal im Akkord oder ähnlicher Leistungsentlohnung gearbeitet hat, welche vom Leistungslohn verdeckten Potentiale unserer Mitarbeiter für das Unternehmen ungenutzt bleiben.

Die Spielregeln sind programmiert:

• Für zu knappe Vorgabezeiten klagt man mit Erfolg längere ein.

• Bei zu großzügig vorgegebenen Zeiten rechnet man einen Leistungsgrad ab, mit dem man nicht auffällt.

Nicht auszudenken, wenn ein Mitarbeiter auf die Idee käme, mit seinem Verbesserungsvorschlag eine Reduzierung der Vorgabezeiten zu bewirken! Wie werden seine Kollegen mit ihm umgehen?

Obwohl es bei den Wertschöpfern an der Basis unendlich viele Ideen für schnellere, bessere und kostengünstigere Leistungserbringung gibt, kommen sie systembedingt kaum an die Oberfläche.

Machen wir uns doch nur einmal die ertragsfressende Tatsache klar, daß viele pfiffige Wertschöpfer längst über Werkzeuge und Vorrichtungen für bessere Produktivität verfügen, von denen die institutionalisierte Arbeitsvorbereitung gar nichts weiß. Sie setzen diese leider nur ein, um den vom Unternehmen 'tolerierten' Leistungsgrad leichter zu erreichen.

Sie agieren für sich bereits heute absolut unternehmerisch, nämlich: Mit möglichst wenig Aufwand möglichst viel Geld verdienen. Leider entspricht dieses ihnen aufgezwungene Verhalten nicht Ihren Unternehmenszielen.

Wir dürfen durchaus feststellen: Der üblicherweise praktizierte Leistungslohn zwingt den Wertschöpfer dazu, dem Unternehmen einen Teil seiner Leistungsfähigkeit vorzuenthalten.

Mehr oder weniger offene Zeitaufnahmen dokumentieren überzeugend die Mißtrauenskultur im Unternehmen. Dabei ist besonders interessant, daß dieses Mißtrauen (Stoppuhr und Akkordsysteme) ausschließlich die ständig weniger werdenden Wertschöpfer trifft. Was ist mit der Effizienz der sogenannten Gemeinkosten-Mitarbeiter? Das sind inzwischen oft viel mehr Mitarbeiter als Sie reine Wertschöpfer im Leistungslohn beschäftigen. Wie stellen Sie also die Leistung der Gemeinkosten-Mitarbeiter sicher?

Wer ausgerechnet seine Wertschöpfer mit dokumentiertem Mißtrauen kontrolliert und die Wertschröpfer - also die GMK-Mitarbeiter - laufen läßt, muß der sich wundern, wenn seine Wertschöpfer in seinem Unternehmen längst die

freizeitorientierte Schonhaltung

praktizieren, damit sie dann in ihrer Freizeit erstaunliche Leistungen bringen können?! Haben Sie sich schon einmal dafür interessiert, was Ihre Mitarbeiter in ihrer Freizeit leisten? Sie werden überrascht sein.

Beobachten Sie einmal, wie Ihre Mitarbeiter bei Schichtbeginn durch das Werkstor bummeln. Schauen Sie sich dann dieselben Menschen an, wie beflügelt sie nach der 'schweren' Arbeit bei Schichtende Ihr Werk verlassen.

Und dann fragen Sie sich, ob Sie diesen wertvollen Mitarbeitern nicht ein soziales und organisatorisch so interessantes Umfeld schaffen wollen, daß Ihre Mitarbeiter mit zunehmender Begeisterung in Ihrem Unternehmen wirken.

5.2   Der Weg zu deutlich besserer Produktivität

Wir wissen, daß es im Unternehmen viele gute Ideen zur Verbesserung von Herstellungsverfahren und Ablauforganisationen gibt. Also müssen wir ein Klima, eine Motivation, eine Kultur schaffen, die dieses Wissen automatisch an die Oberfläche spült.

Der in diesem Buch beschriebene Weg ist dafür vorzüglich geeignet, denn:

*   Die Prozeß-Mitarbeiter gruppieren sich zu kleinen Unternehmern, zu den sogenannten Davids. Sie werden endlich nachhaltig und dauerhaft aufgewertet.

- Alle Mitarbeiter bekommen ein unternehmerisches Entlohnungssystem, mit dem sie bei mehr Arbeitsfreude mehr Geld verdienen können (Kap.5.2.2).

- Die Aufbauorganisation wird flacher, der Weg des Mitarbeiters zur obersten Entscheidungsinstanz wird verkürzt.

- Das PM initiiert immer wieder Arbeitstreffen für das Finden und Ausmerzen ganz besonderer Schwachstellen. Hier sind alle Hierarchieebenen vertreten. Jeder Mitarbeiter wird dort ernstgenommen.

- Durch die ständige Transparenz des LEISTUNGSPROZESSES und die vorlaufend gesicherte termintreue Machbarkeit aller Aktivitäten entwickelt sich eine versachlichte, von steigendem gegenseitigem Vertrauen getragene Unternehmenskultur.

- Die für das bisherige Chaos-Management benötigte Energie, insbesondere der ersten Führungsebene (z. B. der Meister), wird frei für die persönliche und fachliche Betreuung der Mitarbeiter.

- Es sollte ein Entlohnungssystem realisiert werden, das die kleinen Unternehmer für die Verbesserungen unternehmerisch belohnt.

Die Wertschöpfer als kleine Unternehmer

Stellen Sie sich bitte vor, Sie fassen Ihre Basis-Mitarbeiter in Gruppen zusammen, die für bestimmte Einzelleistungen verantwortlich sind. Dann ergibt sich auf dem Leistungs-Ypsilon eine Kette von Gruppen, unsere Davids, die sich im Kunden-/Lieferanten-Verhältnis gegenseitig zuliefern (Abb. 25, Seite 75). Aufgrund der Spielregeln mit dem PM weiß jede Gruppe, daß sie ihren terminierten Arbeitsvorrat schaffen wird. Jede Gruppe ist auch für die Qualität ihrer Leistungen verantwortlich.

Stellen Sie sich vor, eine Gruppe liefert der nächsten - ihren im Wettbewerb stehenden Kollegen - schlechte Qualität. Sie werden sich die Selbsterziehungskräfte vorstellen können.

Die Gruppen organisieren sich selbst. Es ist ihnen z. B. überlassen, wer in jeder Gruppe welche Einzelarbeit erledigt.

Die ideale Gruppengröße wird immer wieder mit 5-10 Personen angegeben. Hier kann aber getrost abgewichen werden. Das viel Wichtigere ist die Motivation fördernde Erkenntnis der Basis: "Man nimmt uns wirklich ernst als wertvolle Partner, die jene Leistungen erbringen, die unser Unternehmen erfolgreich machen."

Eine Gruppe kann aus einer Person bestehen - ein einziger absoluter Spezialist - oder aus 20 und mehr Mitarbeitern, z. B. als Montagegruppe.

Der Sprecher der Gruppe kann von dieser Gruppe gewählt werden. Er muß nicht der Personalverantwortliche für die Gruppen-Mitarbeiter sein. Er arbeitet wertschöpfend wie seine Gruppenkollegen. Er ist ihr Sprecher und der Ansprechpartner für das PM.

Sportlicher Wettbewerb belebt das Geschäft. Jede Gruppe möchte die beste sein. Es entwickelt sich ein die Gruppen motivierender Wettbewerb im Unternehmen.

Bilden Sie die Gruppen intelligent, prozeßorientiert, durchaus über heute bestehende Abteilungsgrenzen hinaus!

Wenn Sie z. B. erkennen, daß 8 Mitarbeiter ein Produkt von der Materialbereitstellung bis zur Fertigstellung ganz allein herstellen können, bilden Sie diese Gruppe! Sie ist beispielhaft für Ihre prozeßorientierte Organisation. Beachten Sie dabei, daß dieser David überwiegend eigene Ressourcen (Maschinen, Werkzeuge,...) zur Verfügung hat.

Diese Idee kann äußerst interessant für Serienfertiger sein, die immer wieder einzelne Varianten und Sondererzeugnisse in Auftrag nehmen. Bringen Sie Ihre hocheffiziente Serienfertigung damit nicht durcheinander, sondern bilden Sie einen David für Sondererzeugnisse. Dort darf der Konstrukteur seine Ideen gern als einfache Skizzen an seine Spezialisten geben.

Bei der Gruppenbildung passiert es immer wieder, daß Sie z. B. jeweils für Konstrukteure und Arbeitsplaner selbständige Gruppen bilden. Die Konstruktionsgruppe liefert dann den Arbeitsplanern zu. Überlegen Sie, was das mit prozeßorientierter Gruppenbildung zu tun hat.

Nutzen Sie die Chance, Konstrukteure und Arbeitsplaner in Gruppen zusammenzufassen. Sie kennen die Vorteile, die sich nicht nur in Zeitgewinn, Kostensenkung und Qualität erschöpfen.

Die Davids stehen jetzt durchaus auch im Wettbewerb zu externen Leistungsanbietern. Damit lassen wir automatisch zunehmend marktwirtschaftliches Denken und Handeln in unser intern ansonsten planwirtschaftlich geführtes Unternehmen hinein.

Ihre Mitarbeiter - insbesondere die engagierten - werden in diesen Davids auch wegen des Wettbewerbs aufblühen. Sie werden Verbesserungsvorschläge machen, deren Zahl und Qualität Sie überraschen wird. Herr Niefer, leider inzwischen verstorbener Aufsichtsrat von Daimler-Benz, erklärte dazu im Juli 1992:

> *"Aus den Arbeitsgruppen hören wir heute Dinge, die wir früher nie erfahren hätten. Monotonie läßt Menschen nicht nur in die Routine flüchten, sondern auch in die Krankheit."*

Sie werden sich auch auf eine geringere Abwesenheitsquote einstellen können, da die Arbeit in der Gruppe mehr Spaß macht, und der einzelne durchaus Verantwortung für seine Gruppe empfindet.

Wenn Sie eines Tages von dem Vorschlag einer Gruppe überrascht werden, daß diese sich wirklich selbständig machen will und Ihnen ihre Leistungen viel billiger anbieten will als Sie sie heute mit Ihren Gemeinkosten-Zuschlägen abrechnen, dann sind Ihre Mitarbeiter auf dem richtigen Weg. Ihre Organisation entwickelt sich in diesem Punkt systembedingt genau richtig marktwirtschaftlich.

Diese Mitarbeiter werden mit ihren Ressourcen ab sofort anders umgehen und Möglichkeiten finden, diese zusätzlich umsatzbringend für dritte einzusetzen.

Als David tun sie genau das, was der Goliath kaum mehr zustande bringt.

5.3   Die unternehmerische Entlohnung aller Mitarbeiter

Die ganze Welt beneidet uns um die gute Ausbildung unserer Menschen, unser 'Human Capital'. Unsere freiheitliche Erziehung fördert die Kreativität jedes einzelnen von uns. Viele Basisinnovationen kommen nach wie vor aus dem Westen.

Welche Anreize geben wir den Mitarbeitern in unserem Unternehmen, ihre vielen Ideen zu artikulieren? Haben wir ein Innovationsklima in unseren Unternehmen?

Wir hatten bereits festgestellt, daß die herkömmliche Leistungsentlohnungen dazu nicht taugen (Kapitel 5.1.2).

<u>Sie werden sehen:</u>
Sobald Sie die ersten Schritte zum intelligenten Unternehmen realisiert haben, wird klar, daß Sie ein Entlohnungssystem schaffen sollten, welches die Entwicklung der Davids zu erfolgreichen Unternehmern nachhaltig unterstützt und auch alle anderen Mitarbeiter anreizt, sich den Unternehmenszielen entsprechend zu engagieren.

Wir müssen Kriterien finden, welche die Wertschöpfer zu ihrem eigenen Vorteil ermuntern, folgende Ziele zu verfolgen. Daran sollen sie auch finanziell teilhaben:

• Jeder David soll seine Leistungen termintreu erbringen. Doch Achtung! Bewerten Sie dieses Verdienst nicht zu hoch.

Nach den Spielregeln zwischen dem PM und den Davids ist es für die Davids kein besonderes Verdienst, sondern der Normalzustand, daß sie die vorher auf Machbarkeit geprüften Termine halten.

• Der David ist für seine Qualität verantwortlich. Fehlerhafte Produkte bewirken einen Malus. Sofern er die Qualität durch Nacharbeit wieder darstellen kann, kann der David den Malus zusätzlich durch Mehrarbeit vermeiden.

• Die Durchlaufzeiten in seiner Gruppe kann der David durch Verkürzung der Übergangszeiten oder gar Überlappungen minimieren, sofern er mehr als einen Arbeitsgang in seiner Gruppe durchführt. Der David meldet die kürzere Durchlaufzeit an das PM, das ab sofort auf dieser Basis plant und steuert.

• Die Prozeßzeiten seiner Arbeiten kann er durch mehr Fleiß, noch stärker aber durch bessere Abläufe, Vorrichtungen, Werkzeuge oder gar Vorschläge für Umkonstruktionen verkürzen.

Die jetzt systemimmanente Rückkopplung aus der Herstellung an die Konstruktion und Arbeitsplanung bedeutet, daß einmal fertiggestellte Konstruktionen inkl. Arbeitsplänen einem ständigen Verbesserungsprozeß derjenigen unterliegen, die vor Ort erkennen, was einfacher gemacht werden könnte.

Das bedeutet

eine deutliche Entlastung der indirekten Bereiche
bei ständigen ertragsstärkenden Qualitäts- und
Verfahrensverbesserungen.

Was muß also unser Ziel sein?

Wir müssen einen Weg finden, der es Ihren Mitarbeitern zur Freude macht, ihre vielen Kenntnisse und Ideen für den Erfolg Ihres Unternehmens einzubringen.

Der Prozeß der Produktivitätssteigerung inkl. Kostensenkung soll gestartet und permanent in Gang gehalten werden. Die Begeisterung für ständige Verbesserungen soll geweckt und erhalten werden.

5.3.1   Der Lösungsweg im intelligenten Unternehmen

Die harmonisierten Arbeitsplätze (Davids) liefern sich im Kunden-/ Lieferantenverhältnis gegenseitig termintreu zu. Die Davids sollen als kleine Unternehmer agieren und ihre Arbeit selbst organisieren.

Die Prozeßsimulation belastet die Kapazitäten aller Arbeitsplätze mit den bisher benötigten Zeiten (Vorgabezeiten x Leistungsgrad). So werden drohende Engpässe von der Simulation zum frühestmöglichen Zeitpunkt erkannt. Sie werden beseitigt, bevor sie Rückstände verursachen können.

Warum dieses wichtig ist, wird auf den folgenden Seiten noch einmal deutlich.

Wir wollen, daß die Arbeitsgruppen wie Unternehmer bezahlt werden. Ideen, die dem Unternehmen mehr Ertrag bringen, sollen monatlich belohnt werden.

Sie zahlen Ihren Mitarbeitern monatlich jenen Betrag als Festeinkommen weiter, den sie z. B. in den letzten 12 Monaten durchschnittlich bekommen haben. In der Monatsabrechnung werden Sie bei den Arbeitern den Tarifanteil getrennt ausweisen, die Differenz zum Monatseinkommen nennen wir die "Marktpreiskomponente" (Abb. 31, Seite 103).

Ein Leistungsabfall kann nicht eintreten, weil Sie und Ihr Betriebsrat in Ihrer Betriebsvereinbarung dokumentiert haben:

'Alle Arbeitsplätze realisieren dieselben Zeiten wie bisher und bringen damit dieselbe Leistung'.

Die Sicherung dieser zugesagten Leistung erreichen Sie, da das PM mit der Prozeßsimulation die notwendigen Kapazitätsbedarfe ermittelt und diese im Dialog mit den Davids vereinbart. Ein Leistungsabfall ist unter diesen Umständen schon logisch nicht möglich.

Zum Grundgehalt und der Marktpreiskomponente kommt der hochinteressante Gewinnbonus (Abb. 31). In der Betriebsvereinbarung legen Sie fest, daß monatlich Gewinnboni an jene Mitarbeiter inkl. Fach- und Führungskräfte gezahlt werden, die ertragsrelevante Verbesserungen realisiert haben.

Die Ertragswirkung wird in DM errechnet und den Mitarbeitern des Teams monatlich anteilig gutgeschrieben.

Beispiel:
Eine Gruppe von 4 Mitarbeitern erklärt, daß sie ab sofort nicht mehr 10 Minuten, sondern nur noch 8 Minuten für eine definierte Leistung (z. B. einen Arbeitsgang) benötigt. Die Kostenersparnis ist leicht zu errechnen. Üblicherweise wird diese dem Viererteam zunächst zu einem Drittel vergütet. Zu welchem Anteil jeder einzelne der Gruppe von diesem Drittel profitieren, legt die Gruppe selbst fest.

An jedem Monatsende ist in Ihrer EDV bekannt, wieviele Stücke hergestellt worden sind. Für die monatliche Gehaltsabrechnung (Abb. 32, Seite 104) können für jeden Mitarbeiter seine Boni per EDV leicht ausgerechnet werden.

In welchen Stufen über welche Zeit dieser Bonusanteil gezahlt wird, ist für die Betriebsvereinbarung auszuhandeln. Der Bonus-Prozentsatz beginnt in der Regel bei 30% und nimmt über den künftigen Zeitraum ab, bis er nach 12 bis 18 Monaten Null erreicht.

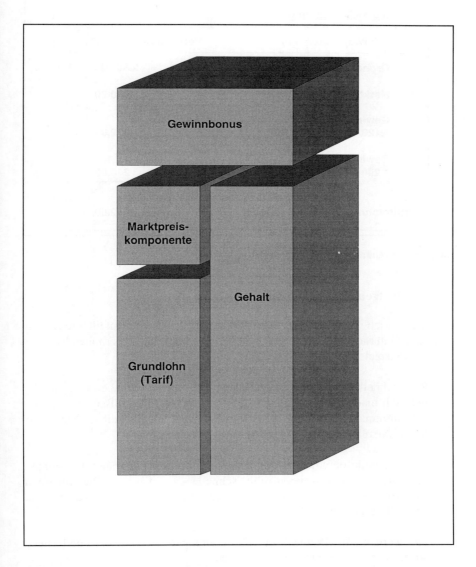

Abb. 31: Module des Entlohnungssystems

Bruttolohn-Abrechnung:

Name: David Mustermann   Personalnummer: 4711

1. Grundlohn (Tarif)   2.560,00

2. Marktpreiskomponente   840,00

3. Gewinnbonus 317
    3.120 Stück á 0,10 DM: 312,00

4. Gewinnbonus 381
    1.200 Stück á 0,20 DM: 240,00

Bruttolohn: 3.952,00

Abb. 32:   Die einfache Bruttolohnabrechnung

5.3.2   Nutzen dieses Entlohnungssystems

Können Sie sich vorstellen, was Ihren Mitarbeitern jetzt alles einfällt, die Kosten in Ihrem Unternehmen zu senken und die Produktivität zu erhöhen? Einige typische Beispiele:

*   Sehr schnell werden die zu großzügig ermittelten Vorgabezeiten auf die wirklich machbaren reduziert. Die Stoppuhr wird überflüssig. Sie finden systemimmanent zu den geringst möglichen Vorgabezeiten. Nicht nur Ihren Kalkulationen tut das gut. Zeitnehmer werden frei.

*   Die Konstruktion wird von den Prozeß-Mitarbeitern gedrängt, fertigungsgerechter zu konstruieren, um schneller zu werden. Die pfiffigen Konstrukteure werden vermehrt in der Fertigung gesehen und erhalten ebenfalls ihren Bonusanteil.

*   Es werden Werkzeuge und Vorrichtungen offengelegt und neue ausgedacht, um weitere Zeiten zu sparen.

- Stillstandszeiten an Engpaß-Maschinen werden massiv angegangen.

- Ihre Mitarbeiter achten frühzeitig darauf, daß die ihnen anvertrauten Maschinen und sonstige Betriebsmittel durch bessere Pflege, vorbeugende Instandhaltung usw. eine möglichst hohe Nutzungsdauer haben.

- Wertschöpfer übernehmen GMK-Arbeiten, während ihre Maschinen laufen.

- Meister erklären, daß sie für ihren Verantwortungsbereich die Durchlaufzeiten um z. B. 5 Tage senken und erhalten als Führungskräfte ihren Bonusanteil.

- Disponenten kommen mit kürzeren Liegezeiten in den Lägern aus, ohne die Versorgung zu gefährden.

Was haben Sie sonst noch von diesem Entlohnungssystem?

- Der Aufwand für die Bruttolohnabrechnung geht auf fast Null zurück.

- Der Krankenstand sinkt. Unternehmer sind weniger häufig "krank" als vom Mißtrauen verfolgte Leistungsbringer.

- Der Führungsaufwand wird viel geringer, weil zumindest in diesem für die Mitarbeiter wichtigen Bereich der Bezahlung die Ziele der Mitarbeiter mit den Unternehmenszielen identisch sind.

Im ganzen Unternehmen wirkt sehr bald eine positive Kultur gemeinsamen Unternehmergeistes.

Ihre in der Wirkung ohnehin begrenzten Appelle, Kosten zu reduzieren und die dafür bisher eingesetzten Mitarbeiter können Sie sich künftig sparen.

Systemimmanent erreichen Sie permanente Kostenreduzierung.

Sie werden lernen, Ihre besonders kreativen Mitarbeiter von einer Gruppe in andere zu versetzen. Diese nehmen ihre Bonusrechte mit. Stören Sie sich nicht daran, wenn diese innovativen Mitarbeiter sehr hohe Boni erhalten. Bedenken Sie, mindestens zwei Drittel des Nutzens erhält das Unternehmen, später zunehmend den gesamten Ertragsgewinn.

Der dominante Nutzen ist die Tatsache, daß nach und nach jeder einzelne in Ihrem Unternehmen seine bisherige "freizeitorientierte Schonhaltung" aufgibt.

Nach und nach bringt jeder seine Kenntnisse und Ideen in Ihr Unternehmen ein. Können Sie sich einen wirksameren Produktivitätsschub vorstellen?

6. Der Weg zur flachen Aufbauorganisation

Leistung muß auch den Mitarbeitern an der Basis Spaß machen. Ein Beitrag dazu ist eine möglichst flache Aufbauorganisation.

Können Sie sich vorstellen, wie man sich auf Sole 5, 6 oder gar 7 (Hierarchie-ebenen) fühlt, wenn man gern einen Verbesserungsvorschlag artikulieren würde? Kennen Sie die eigene Einsamkeit und Entfernung von Ihren Basis-Mitarbeitern, welche die eigentliche Wertschöpfung im Unternehmen erbringen?

Die ganze Welt beneidet uns um die gute Ausbildung unserer Menschen, unseres 'Human Capital'. Und wie gehen wir mit diesen Menschen um?

Das Peter-Prinzip lehrt uns obendrein:

**In einer Hierarchie verhält sich
die Leistung umgekehrt proportional
zu ihrer Höhe.**

Auch diese These finden wir im Vergleich von David und Goliath überzeugend bestätigt.

Wie gerechtfertigt die vielen Hierarchie-Ebenen gewesen sein mögen, in der Informationsgesellschaft haben sie außer der wichtigen Betreuungsfunktion keine Berechtigung mehr.

6.1 Das Prozeßmanagement kommuniziert direkt mit den Davids

Der beschriebenen Philosophie entsprechend kommuniziert das Prozeßmanagement (PM) direkt mit den Basis- Mitarbeitern inkl. Beschaffern (Abb. 33, Seite 109). Das ist natürlich viel kürzer und effizienter als der langwierige Weg hin und zurück durch die Hierarchien. Der Weg durch die Hierarchie würde nicht nur unnötig Zeit kosten, sondern die Botschaften analog der stillen Post und überlagert von politischen Interessen zur Ressortoptimierung verfälschen.

Uns ist kein rationales Argument gegen die direkte Kommunikation zwischen dem PM und den Basis-Mitarbeitern bekannt.

Über den direkten Kommunikationsweg werden im Tagesgeschäft im wesentlichen folgende Arbeiten erledigt:

• Ressourcenabstimmung, sobald die Simulation dem PM drohende Über- oder Unterlasten bzw. drohende Fehlteile oder zu hohen Bestandszulauf meldet.

• Versorgung der Arbeitsgruppen mit terminierten und synchronisierten Arbeitsvorräten, die in ihrer Machbarkeit vorher gesichert wurden.

• Meldung der Arbeitsgruppe an das Prozeßmanagement, sobald sie einen ihrer Ecktermine ernsthaft gefährdet sieht und sie diesen Termin mit "Bord- mitteln" nicht mehr halten kann.

Gelegentlich findet man bei dem einen oder anderen Mittelmanager die Meinung, bei den Wertschöpfern gäbe es keine entsprechend qualifizierten Kommunikationspartner. Hier sei die Empfehlung wiederholt, sich einmal darüber zu informieren, zu welchen Leistungen ihre "unfähigen" Mitarbeiter außerhalb der Arbeitszeit fähig sind. Sie werden staunen.

Muß es uns bei der heute weit verbreiteten Entmündigung der Basis wirklich wundern, daß inzwischen viele Mitarbeiter resignieren?

Dabei ist die Leistungsbereitschaft der allermeisten Mitarbeiter durchaus vorhanden. Ihre Verbesserungsideen sind eigentlich abrufbar. Warum ersticken wir dieses hochinteressante Verbesserungs- und damit Ertragspotential durch entmündigende Fremdsteuerung der übermächtigen, teuren und lähmenden Hierarchie?

Wie finden wir nun zur flachen, die Mitarbeiter motivierenden Aufbau- organisation?

6.2   Erfassen Sie zunächst Ihre tatsächliche Aufbauorganisation

Organigramme sind in ihrer Darstellung häufig politisch gefärbt und reichen selten hinunter bis zu den Basis-Mitarbeitern.

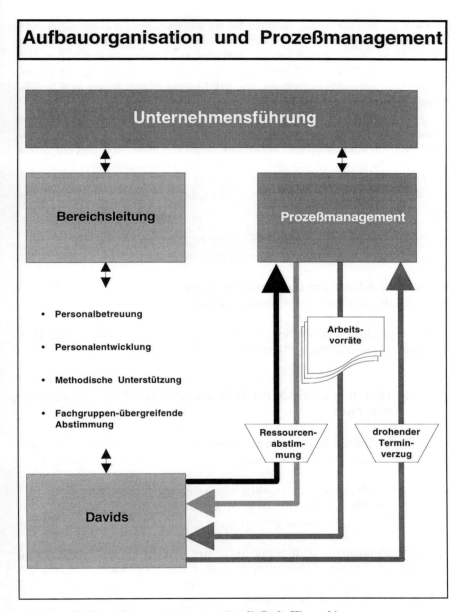

Abb. 33: Das Prozeßmanagement unterstützt die flache Hierarchie

Machen Sie sich die Mühe. Erstellen Sie ein umfassendes, die Basis-Mitarbeiter einschließendes Organigramm, zumindest für jene Unternehmensbereiche, die an Ihrem Akquisitions-, Entwicklungs-, Betriebs- und Versorgungsgeschehen, also in Ihrem LEISTUNGSPROZESS, aktiv beteiligt sind. Verwenden Sie für die Darstellung große Papierformate. Die META-Plan-Blätter haben sich bestens bewährt. Es ist wichtig, daß Sie wirklich alle Mitarbeiter erfassen.

Haben Sie keine Hemmungen, die vielfältigen tatsächlichen Unterstellungen und Berichtswege aufzuzeichnen. Spätestens, wenn Sie diese Arbeit getan haben, sehen Sie jene Hierarchie, die sich Ihr Unternehmen tatsächlich leistet.

Bei der Wertung dieser Hierarchie erinnert Sie eine weitere Erkenntnis von Prof. Peter (das Peter-Prinzip):

"Jeder wird maximal so weit befördert, bis er die
Stufe der Inkompetenz erreicht hat."

Wir wissen, daß jede unnötige Hierarchie-Ebene den Ertrag, die Beweglichkeit und Schnelligkeit Ihres Unternehmens behindert.

Mindestens genauso bedenklich sind die mit einer steilen Hierarchie zusätzlich geförderte Entmündigung der Basis und die Ressortgrenzen.

6.3 Wieviele Basis-Mitarbeiter kann eine Führungskraft betreuen?

In der Fachliteratur und in der Praxis finden wir sogenannte "Kontrollspannen" - welch ein Wort! - von 10 - 15 Personen. Fragen wir uns für den Ist-Zustand:

Wieviel % ihrer Arbeitszeit haben die Führungskräfte
(z. B. Meister) Zeit für die fachliche Anleitung und persönliche
Betreuung ihrer wertvollen Mitarbeiter?

Wir hören Antworten von maximal 10%. Wer sich das nicht vorstellen kann, möge einmal einen dieser Meister fragen, wann er das letzte Mal ein geplantes, gut vorbereitetes Förderungsgespräch mit einem seiner hoffnungsvollen Mitarbeiter ohne Störung durch das Tagesgeschäft geführt hat.

Was hindert den Meister heute daran, 100% seiner Zeit für seine Mitarbeiter einzusetzen? Er hat nicht die Zeit, weil auch er sich ständig darum kümmern muß, daß wenigstens die wichtigsten Termine gehalten werden.

In der neuen Organisation sind die Personalverantwortlichen nicht mehr für die Terminsteuerung verantwortlich. 'Schlimmer' noch: Sie dürfen in die zwischen PM und Fachgruppen synchronisierten Arbeitsvorräte nicht eingreifen.

So haben diese Führungskräfte zwangsläufig nahezu 100% ihrer Zeit für ihre Mitarbeiter frei. Fragen wir uns jetzt:

Wieviele Mitarbeiter kann eine Führungskraft persönlich betreuen, wenn die Führungskraft nahezu 100% ihrer Arbeitszeit dafür zur Verfügung hat? Wieviele Arbeitsgruppen (Davids) kann er also persönlich betreuen?

Die Antwort auf diese Frage geht sehr schnell in die Größenordnung von 50 bis 100 Personen. Bedenken Sie bitte, diese Führungskraft hat ausschließlich Zeit, sich um die ihr anvertrauten Mitarbeiter zu kümmern. Die Anforderungen an diese Vorgesetzten entsprechen wieder denen, für die sie eigentlich eingesetzt sind und bezahlt werden.

6.4 Wir bauen unsere flache Aufbauorganisation

Hier wollen wir zunächst kompromißlos feststellen, welche Leistungen in unserem Unternehmen erbracht werden müssen, um die Anforderungen unserer Kunden zu befriedigen. Dazu beantworten Sie für jede Arbeit bitte folgende Frage:

"Das Fehlen welcher Funktion würde unmittelbar zum Abriß
des LEISTUNGSPROZESSES führen?"

Sehr schnell können wir diese Arbeiten identifizieren wie Verkaufen, Konstruieren, Beschaffen, Transportieren, Drehen, Bohren, Fräsen, Montieren, Lagern, Versenden usw. Die Menschen, die diese Leistungen erbringen, finden Sie an den unteren Enden Ihrer IST-Aufbauorganisation.

Jetzt zeichnen Sie diese Personen - möglichst zu Arbeitsgruppen (Davids) grob zusammengefaßt - in ihrer wertschöpfenden Sequenz wiederum auf großformatigen Blättern (META-Plan) in einer Reihe auf, entsprechend der Abb. 34.

Bei der Davidbildung versuchen Sie bitte, durchaus mehrere Funktionen prozeßorientiert in einem David zusammenzulegen, wie z. B. die Technologie-Teams aus Konstrukteuren und Arbeitsplanern. Richten Sie sich bitte auf keinen Fall nach den heutigen Verantwortungsbereichen. Vergessen Sie diese total. Richten Sie sich allein nach den Zweckmäßigkeiten des Prozesses. Tun Sie so, als würden Sie Ihr Unternehmen 'auf der grünen Wiese' ganz neu planen. Tun Sie so, als hätten Sie alle Ihre Mitarbeiter inkl. Führungskräfte verlassen und Sie dürften genau jene neu einstellen, die Sie für den Leistungsprozeß Ihres Unternehmens wirklich brauchen.

Wenn Sie das getan haben, erinnern Sie sich bitte, daß nach der beschriebenen Philosophie

• die terminliche Steuerung und Sicherung Ihrer Wertschöpfergruppen vom Prozeßmanagement erfolgt (Pfeile der Abb. 34) und

• die jetzt festzustellenden wahren Führungskräfte Zeit haben, sich nahezu ausschließlich um ihre Mitarbeiter zu kümmern.

Fassen Sie jetzt bitte, ohne zunächst an die z. Z. tatsächlich bestehende Hierarchie zu denken, Ihre Arbeitsgruppen in ihrer Anzahl und in ihren Aufgaben so zusammen, wie sie von wirklich kompetenten Führungskräften persönlich betreut und gefördert werden können.

Sie werden erstaunt sein, wie wenige Führungskräfte Sie auf der ersten Ebene benötigen, die selbständigen Davids zu betreuen.

Diese in dem Beispiel in der Abb. 34 unter den Davids positionierten Führungs-kräfte fassen Sie nach der gewohnten Führungsspanne zusammen. Spätestens hier finden Sie dann in der Regel so wenige, daß diese dann wie das PM direkt an die Unternehmensführung berichten können.

In diesem absolut praxisnahen, eher zurückhaltenden Beispiel (Abb. 34) haben wir festgestellt, daß wir statt sechs Führungsebenen nur drei Ebenen benötigen.

Dabei hat die Anzahl der insgesamt notwendigen Führungskräfte überproportional abgenommen, weil auf den verbleibenden Ebenen weniger Führungskräfte notwendig sind, als Sie im IST antreffen.

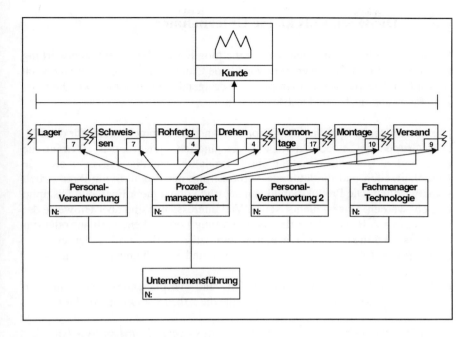

Abb. 34:   Ziel-Aufbauorganisation

Jetzt kehren Sie bitte in Ihre Welt zurück und schreiben in die benötigten Führungspositionen die Namen jener vorhandenen Führungskräfte hinein, denen Sie diese neue Führungsaufgabe zutrauen.

Dann prüfen Sie, ob es bei den noch nicht zugeordneten Führungskräften den einen oder anderen TOP-Fachmann gibt für Anforderungen, die der Markt Ihnen honoriert. Machen Sie diesen Mitarbeiter zum sogenannten Fachmanager, ohne jede Personalverantwortung. Er ist Ihnen als Fachmann zu wichtig, um seine Zeit für Personalführung zu verwenden.

Die jetzt noch verbleibenden Führungskräfte versuchen Sie, in die Davids - also in den Leistungsprozeß - zurückzuführen.

6.5   Die Davids als kleine Unternehmer

Die überschaubaren Gruppen sollen eine möglichst hohe Eigenverantwortung haben. Sie sollen sich immer mehr wie kleine Unternehmer empfinden und auch so handeln. Die von so einer Gruppe zu erbringende Leistung muß wie die eines Zulieferers abgrenzbar und feststellbar sein.

Der mitarbeitende Sprecher der Gruppe ist u.a. der Ansprechpartner für das PM. Die Gruppe ist neben der selbstverständlich gewordenen Termintreue insbesondere für die Qualität ihrer Produkte, ständig kürzer werdende Durchlaufzeiten und die laufende Verbesserung der Produktivität ihrer Arbeit verantwortlich. Die Produktivität kann natürlich durch mehr Fleiß und Disziplin erreicht werden. Das ist nichts Neues. Viel interessanter sind aber Hinweise der Gruppe, den z. B. von der Arbeitsvorbereitung vorgegebenen Ablauf oder gar die Konstruktion zu vereinfachen, in jedem Fall zu verbessern. Außerdem wird die Gruppe Vorschläge für bessere Werkzeuge und Vorrichtungen machen.

Endlich erhalten die konstruierenden und vorplanenden Bereiche ein systemimmanentes Feedback von denen, die die Arbeit vor Ort durchführen.

Ein heute weitgehend ungenutztes Ertragspotential wird realisierbar.

Dabei werten Sie Ihre Mitarbeiter an der Basis kräftig auf. Sie werden eines Tages über ein Entlohnungssystem nachdenken, welches die an der Basis verborgenen Ertragspotentiale noch viel besser nutzt (Kap. 5.3).

6.6   Die veränderte Qualifikation der Führungskräfte

In dieser neuen Organisation sind jene Führungskräfte gefragt, die eine hohe Motivationskraft und eine loyale, positive Grundeinstellung ausstrahlen.

Die Führungskräfte können sich endlich ihren eigentlichen Aufgaben zuwenden. Zum Beispiel wird eine Führungskraft aus der Produktion künftig folgende Aufgaben vorrangig wahrnehmen:

•   Mitarbeiterauswahl

•   Hohe Motivation der Mitarbeiter

- Niedriger Krankenstand

- Hohe Flexibilität (funktional, zeitlich, räumlich)

- Anforderungsgerechte Qualifikation

- Förderungsgespräche für Mitarbeiter

- Hohe Sensitivität für die Mitarbeiter

- Disziplin sichern

- Sauberkeit und Ordnung

- Sensibilisieren für Kundenorientierung, Bedeutung der Termintreue

- Ausbilden zum Denken und Handeln in kundengerichteten Prozessen

- Erziehen zum unternehmerischen Denken, Kostensensibilisierung

- Motivieren für Verbesserungsvorschläge

- Aktionen zur Reduzierung der Durchlaufzeiten

- Sich selbst auf dem aktuellen Stand der Verfahren und Techniken halten

- Visionär denken, um auch technisch den Wettbewerbern voraus zu sein

- Einfluß nehmen auf kostensenkende Produktgestaltung

- Visualisierung der Erfolge im Betrieb

- Maßnahmen zur Aufwertung der Wertschöpfer im Haus

- Hohe Verfügbarkeit der maschinellen Ressourcen inkl. Werkzeuge und Vorrichtungen

- Arbeitssicherheit gewährleisten

- Konstruktives Verhältnis zum Betriebsrat

Es sind jene Führungskräfte nicht mehr gefragt, die aus dem früheren Terminchaos einen wesentlichen Teil ihrer sozialen Attraktivität gewonnen haben.

Es werden sogenannte Fachmanager frei, die Sie - wie bereits erwähnt - ohne jede Personalverantwortung auf strategisch wichtige Aufgaben - z. B. intensive Beobachter der Wettbewerbsprodukte - konzentrieren können.

Sie können sich in der Weiterbildung Ihrer Fach- und Führungskräfte ganz differenziert darauf konzentrieren, diese entsprechend ihres besonderen Wertes für Ihr Unternehmen auszuwählen und zu fördern.

6.7   Die Realisierung der flachen Aufbauorganisation

Wichtig ist zunächst einmal, jene Aufbauorganisation zu kennen, die Sie anstreben wollen. Den Weg dorthin haben wir bereits beschrieben.

Abhängig vom Handlungsbedarf können Sie sich für die Realisierung dieser Hierarchie mehr oder weniger Zeit lassen.

In jedem Fall werden Sie ab sofort jede personelle Veränderung nutzen können, Ihrer flachen Ziel-Aufbauorganisation immer näher zu kommen.

Da ein Unternehmer neben seiner Ertragsverantwortung - die nimmt ihm niemand ab - mindestens dieselbe Fürsorgepflicht für seine Basis-Mitarbeiter hat wie für seine sozial deutlich besser gestellten Führungskräfte, wird dem wahren Unternehmer die Realisierung seiner Zielorganisation auch ein soziales Anliegen zur Aufwertung und Motivation seiner Mitarbeiter an der Basis sein.

Der wirkliche Unternehmer wird jetzt seine Aufbauorganisation zielorientiert in überschaubaren Schritten

von der Entmündigungshierarchie
- die Wertschöpfer dienen den Führungskräften -

zur Betreuungshierarchie
- die Führungskräfte dienen den Wertschöpfern -

gestalten,

und sein Unternehmen damit

von der <u>Miß</u>trauensorganisation
zur <u>Ver</u>trauensorganisation

entwickeln.

Die Führungskräfte in dieser neuen Organisation arbeiten in dem Bewußtsein:

Führen heißt Dienen!

6.8   Was bringt uns die flache Aufbauorganisation?

Oberflächlich betrachtet ist es zunächst die enorme Kostenreduktion, der stark geschrumpfte sogenannte Wasserkopf, den die flache Organisation zwangsläufig mit sich bringt.

Über diesen lukrativen Vorteil hinaus - und das ist wahrscheinlich noch viel interessanter - haben die Unternehmensführer mit ihren echten Führungskräften jetzt eine realistische Chance, ihre wertvollen Leistungserbringer an der Basis für ständige Verbesserungen im LEISTUNGSPROZESS zu gewinnen.

Können Sie sich vorstellen, wie man sich z. B. als Facharbeiter fühlt, wenn durch die direkte Kommunikation mit wahren Fach- und Führungskräften sowie mit dem marktnah agierenden Prozeßmanagement und der unmittelbar dahinter stehenden Unternehmensführung die eigene Leistung gesehen und anerkannt wird, statt von einer 6- bis 7-stufigen Hierarchie in der Anonymität verschüttet zu sein?

Entsprechend werden sich Ihre Mitarbeiter für Ihr Unternehmen einsetzen. Sie werden einen deutlich niedrigeren Krankenstand erleben. Viele heutige sogenannte Führungskräfte, welche entweder

- im Tagesgeschäft zu erlahmen,

- ihre soziale Attraktivität aus dem bestehenden Terminchaos schöpfen oder

- die Stufe der Inkompetenz erreicht haben,

werden ihre Energie zum Wohle des Unternehmens in Aufgaben investieren, die dem Unternehmen Nutzen bringen und bei denen sie sich selbst wieder wohl und akzeptiert fühlen.

Wirkliche Fach- und Führungskräfte werden in dieser neuen von gegenseitiger Achtung und Offenheit getragenen Unternehmenskultur ihr wertvolles Wissen gemeinsam mit den Basis-Mitarbeitern zur ständigen Produktivitäts- und Ertragssteigerung einsetzen.

Der strategische Nutzen der flachen Aufbauorganisation liegt in der sich verändernden Unternehmenskultur, in der Leistung, die zunehmend Spaß macht. Damit können Sie Ihren Wettbewerbern ein ganzes Stück davonlaufen.

Hat der IBM-Gründer Thomas J. Watson nicht recht mit seiner Feststellung?

"Philosophie, Geist und Schwung eines Unternehmens sind bei weitem wichtiger als alle anderen Ressourcen."

7.   Ertragspotential Vorräte

Analog zu den viel zu langen Durchlaufzeiten finden wir auch bei den Vorräten viel zu hohe Bestände.

Auch hier müssen wir uns fragen, wer eigentlich in den Unternehmen die Verantwortung für die Höhe der Kapitalbindung in Vorräten trägt.

Häufig wird hier die Materialwirtschaft genannt. Wir werden in diesem Kapitel erkennen, daß die Materialwirtschaft nur begrenzte Möglichkeiten hat, die Höhe der Kapitalbindung selbst zu bestimmen. Daher kann sie die Höhe der Vorräte auch nicht verantworten.

Außerdem sei hier darauf hingewiesen, daß es in unserem „Intelligenten Unternehmen" die herkömmliche Materialwirtschaft gar nicht mehr gibt.

• Wir kennen den wichtigen strategischen Einkauf mit ähnlicher Aufgabenstellung wie der Verkauf. Internationales Beschaffungsmarketing und das Abschließen interessanter Rahmenabkommen sind seine Aufgaben.

• Die Materialdisposition ist Teil der Ressourcendisposition im Prozeßmanagement.

• Das Abrufen von Mengen aus den Rahmenverträgen sollte ebenfalls im PM geschehen.

• Wer ist also heute in Ihrem Unternehmen für die Höhe der Vorräte verantwortlich?

Hier finden wir wieder die Analogie zu den Durchlaufzeiten, für deren ständige Verkürzung auch niemand wirklich verantwortlich war.

Müssen wir uns also wirklich wundern, wenn die Vorräte mindestens doppelt so hoch sind wie sie es sein müßten?

Wenn niemand wirklich verantwortlich ist,
bunkert jeder Zeiten und Vorräte!

Die Unternehmensführer haben bei der nachhaltigen Bestandssenkung häufig bereits resigniert. Beweis: Obwohl die Vorräte oft den größten Vermögensanteil ausmachen, kümmern sie sich um die Genehmigung eines PCs für ein paar tausend Mark Anlagevermögen, während der Disponent im selben Augenblick in ganz anderen Größenordnungen Vermögen schafft.

7.1.   Ursachen viel zu hoher Kapitalbindung

Nur wenn wir die Ursachen der Kapitalbindung wirklich kennen und wissen, welche Ursachen die vielen Millionen DM Kapitalbindung erzeugen, können wir gezielt und wirtschaftlich an die Senkung der Vorräte herangehen. Einige der folgenden Ursachen sind bereits in anderen Kapiteln behandelt. Sie werden hier wegen der Vollständigkeit noch einmal kurz angesprochen (Abb. 35).

7.1.1   Die viel zu langen Durchlaufzeiten

Lange Durchlaufzeiten der Vorräte vom Wareneingang bis zum Versand bedeuten lange Verweilzeiten der Vorräte in Ihrem Unternehmen und damit hohe Vorräte.

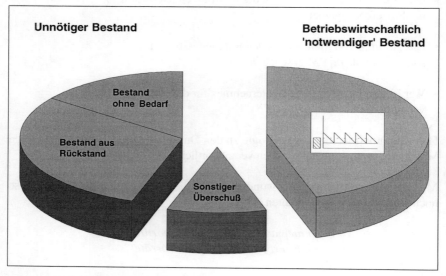

Abb. 35:   Analyse des Vorratsvermögens

7.1.2 Der nicht harmonisierte Leistungsprozeß

Die geradezu katastrophale Wirkung von vorher nicht harmonisierten Kapazitäten oder das nicht erkannte Fehlen einzelner Komponenten auf die Termintreue haben wir hinreichend beschrieben. Terminverzug bedeutet immer Rückstand! Und dieser bindet völlig unnötig Vorräte.

Bei einer nicht harmonisierten Unternehmung hat die Materialwirtschaft keine Chance, diese unnötige Kapitalbindung zu verhindern, denn: Was muß die Materialwirtschaft disponieren und beschaffen, nachdem der Verkauf und die Produktion den Primärbedarf verabschiedet haben?

Es bleibt ihr gar nichts anderes übrig, als die Vorräte so zu bestellen, als würde es keine wesentlichen Beschaffungsprobleme für einzelne Komponenten bzw. Kapazitätsengpässe in der Produktion geben. Diese Annahmen sind aber ohne vorlaufende Harmonisierung völlig unrealistisch.

Unter diesen Umständen hat der Einkauf keine Chance, bestandssenkend Richtung „Just in Time, JIT" zu beschaffen. Der Beschaffer ist gezwungen, entsprechend den theoretisch errechneten Bedarfsterminen zu beschaffen, und das ist eben immer wieder „Just in Stau, JIS" (Abb. 10, Seite 25).

Wer trägt aber dann die Verantwortung für die unnötige Kapitalbindung dieser Vorräte, die z.B. wegen Engpaßsituationen in der Produktion im Stau, im Rückstand stecken?

Bedenken Sie:

Durchschnittlich ein Drittel aller Vorräte stecken im Rückstand!

7.1.3 Der unsichere, viel zu weit reichende Absatzplan

Diese Ursache ist nach dem Rückstand allgemein der zweitgrößte Verursacher unnötiger Bestände. Er ist aber gefährlicher, denn:

- Rückstand erzeugt zwar unnötig hohe Vorräte.
  Diese fließen aber in der Regel wieder ab.

- Eine Fehleinschätzung des Marktes erzeugt hohe Vorräte, die kaum noch abfließen, also programmierte Verschrottungsbestände sind.

Lange Lieferzeiten und lange interne Durchlaufzeiten führen zur unrealistischen Forderung an den Verkauf, weit in die Zukunft den Marktbedarf vorherzusagen. Die Ungenauigkeit dieser Vorhersagen und damit das Bestandsrisiko steigen exponentiell mit der Entfernung von der Gegenwart (Abb. 7, Seite 18).

Mit unseren langen Liefer- und Durchlaufzeiten
ist ein hohes Bestandsrisiko programmiert.

7.1.4   Die sogenannten wirtschaftlichen Losgrößen

Eine weitere schlimme Ursache zu hoher Vorräte ist die weitverbreitete Fehlinterpretation der wirtschaftlichen Losgröße. Das sind jene Mengen, die

- als Bestellungen und Abrufe von den Lieferanten oder
- als Fertigungsaufträge von der eigenen Herstellung

gefordert werden. Welche Losgrößen sind nun betriebswirtschaftlich optimal?

Üblicherweise fragt der Betriebswirtschaftler danach: Welche Kosten verursacht ein Los? Daraus resultiert dann ein Riesenfehler: Die Rüstkosten treiben die Losgrößen unvertretbar hoch. Wir werden das im nächsten Kapitel erkennen.

In die wirtschaftliche Losgröße gehen nur vier dominierende Einflußgrößen ein:

- künftiger Bedarf (BED)
- Preis oder Herstellkosten dieser Sachnummer (Preis)
- Lagerkostensatz (LKO) und
- Einmalkosten eines Loses (FK)

Diese vier Größen finden Sie in jeder Losgrößenformel wieder, z. B. in der überholten, aber einfachen Andler'schen Formel für die wirtschaftliche Losgröße:

$$\text{Wirtschaftliche Losgröße} = \sqrt{\frac{200 \times BED \times FK}{LKO \times PREIS}}$$

Aus dieser Formel und aus dem gesunden Menschenverstand ergeben sich folgende Erkenntnisse:

• Nur der Preis ist eine ziemlich sichere Eingangsgröße für die Losgröße.

• Der zukünftige Bedarf ist häufig bereits unsicher.

• Die Lagerkosten und die Einmalkosten eines Loses sind zwei externe Parameter, die viel Spielraum für Interpretationen lassen und besonders differenziert gewertet werden müssen.

Bestellen wir täglich einen Tagesbedarf, erhalten wir extrem niedrige Losgrößen und damit auch eine sehr geringe Kapitalbindung mit geringer Zinsbelastung. Andererseits werden wir einen relativ hohen administrativen Aufwand haben.

Bestellen wir z. B. nur einmal im Jahr den Jahresbedarf, erhalten wir einen extrem niedrigen administrativen Aufwand. Andererseits werden wir eine hohe Kapitalbindung in Vorräten mit hoher Zinsbelastung haben.

Wo also ist jene Losgröße, die in der Addition der Lagerkosten und Einmalkosten die geringsten Gesamtkosten je bestellter Maßeinheit (Stück, kg, Liter,...) darstellt?

Das wäre dann die sogenannte wirtschaftliche Losgröße. Die Abb. 36 zeigt die Zusammenhänge an einem Beispiel.

Die Betriebswirtschaftslehre stellt eine Vielzahl verschiedener Losgrößenformeln zur Verfügung. Wählen Sie eine einfache, leicht zu verstehende aus.

Sie sollte in der Lage sein, Bedarfsschwankungen zu berücksichtigen, wie es z. B. der „Stück-Perioden-Ausgleich" macht.

124

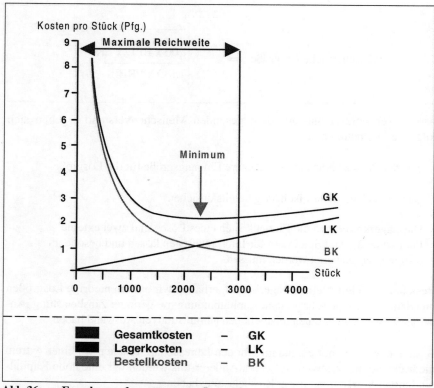

Kosten pro Stück (Pfg.)

Abb. 36:   Errechnung der sogenannten Losgröße

7.1.4.1 Die fehlinterpretierten wirtschaftlichen Fertigungslose

Wir haben also gelernt, daß hohe Einmalkosten zu großen Losen führen. Bei der Eigenfertigung sind dann also – so lehrt uns die Betriebswirtschaft – die Rüstkosten in diese Einmalkosten hineinzurechnen.

Aber Vorsicht! Die Rüstkosten werden üblicherweise wie folgt ermittelt:

• Rüstzeit x Maschinenstundensatz plus
• Rüstzeit x Lohn des Rüsters

Daraus ergeben sich erhebliche Einmalkosten, die die Losgrößen für Eigenfertigungsteile und damit die Kapitalbindung in Vorräten kräftig nach oben treiben.

Stellen Sie sich jetzt bitte folgende übliche Situation im Betrieb vor:

*   Ihre Produktion ist insgesamt gut ausgelastet. Einige Arbeitsplätze sind stark belastet, die meisten logischerweise nicht.

Stellen Sie sich jetzt bitte folgende Frage:

*   „Welchen Ertragsverlust erleidet Ihr Unternehmen, wenn eine nicht ausgelastete Maschine eine Stunde umgerüstet wird und damit stillsteht?"

Sie werden erkennen:
Das Unternehmen erleidet keinen Ertragsverlust außer die Stunde des Rüsters, sofern er alternativ wertschöpfende Arbeiten durchführen würde oder Überstunden machen müßte.

Warum nutzen wir die ungenutzten Zeiten der Maschine nicht zum häufigeren Umrüsten? Warum soll diese Zeit dann plötzlich den Maschinenstundensatz kosten? Es ist also betriebswirtschaftlicher Unsinn, die Losgrößen durch statistische Einmalkosten wie den Maschinenstundensatz nach oben zu treiben.

Die Losgrößen für alle Eigenfertigungsteile, die nicht über echte Engpaßmaschinen laufen, können Sie sofort stufenweise reduzieren. Entsprechend sinken Ihre Vorräte in Halbfabrikaten.

7.1.4.2   Die fehlinterpretierten wirtschaftlichen Beschaffungslose

Die Abb. 37 zeigt die extrem kapitalbindende Wirkung zu hoher Losgrößen. Schließlich ergibt sich der theoretische Durchschnittsbestand einer Sachnummer stets aus dem Sicherheitsbestand plus durchschnittliche halbe Losgröße. Schauen wir uns jetzt die Losgrößen für die Zukaufteile an.

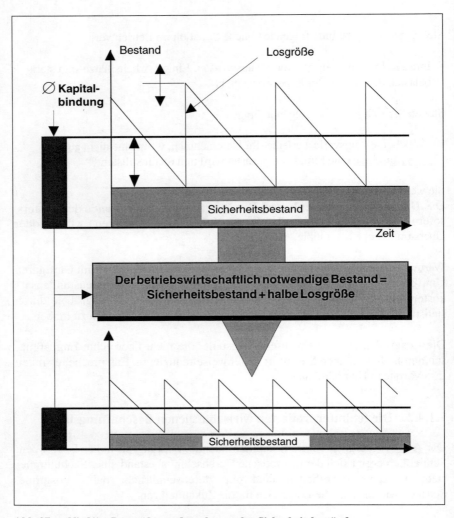

Abb. 37: Niedrige Losgrößen und marktgerechte Sicherheitsbestände

Die Betriebswirtschaft lehrt uns:
Einmalkosten je Bestellposition ergeben sich aus der Umlage aller hiermit verbundenen administrativen Kosten aus Disposition, Einkauf, Beschaffung, Wareneingang inkl. Qualitätssicherung, Rechnungsprüfung, Kreditorenbuchhaltung, EDV, etc.

Daraus ergibt sich dann ein statistischer Kostensatz von z. B. 150 DM pro Bestellposition. Mit diesem Wert gehen wir dann in die Losgrößenformel und erhalten stolze Mengen, die *sogenannten wirtschaftlichen Bestellmengen*.

Falsch! Diese Denkungsart unterstellt, daß jede zusätzliche Bestellposition den Ertrag des Unternehmens um den Kostensatz von z. B. 150 DM reduziert. Welch ein Unsinn!

Quintessenz:

Wir dürfen nicht fragen „Was kostet uns die Auslösung eines zusätzlichen Loses nach der herrschenden Betriebswirtschaftslehre?", sondern wir müssen fragen: „Welcher Ertragsverlust für das Unternehmen tritt durch ein zusätzliches Los ein?" Das ist dann nur ein Bruchteil. Entsprechend drastisch können Sie auch diese Lose reduzieren.

7.1.4.3 Die prozeßfeindliche Wirkung der „wirtschaftlichen Losgrößen"

Die so errechneten Losgrößen sind ein klassisches Beispiel von Suboptimierung im Leistungsprozeß. Im Kapitel 9 werden wir erkennen, wie sehr diese Losgrößen den Gesamtprozeß - die Durchlaufzeiten - verlängern. Sie wirken damit lähmend auf Schnelligkeit und Flexibilität des Unternehmens. Wo ist diese negative Wirkung in den „ach so genauen" Losgrößenformeln berücksichtigt?

Die „wirtschaftlichen Losgrößen" stehen auf so tönernen Füßen, daß Sie sie ohne Hemmungen prozeßorientiert gestalten dürfen!

7.1.5   Sicherheitsdenken und Sicherheitsbestände

Wann ist der Disponent im täglichen Betrieb ein guter Disponent?

Richtig! Wenn er keine Fehlteile hat. Und dafür sorgt er, wie es jeder von uns tun würde, durch entsprechende Sicherheitsbestände.

Achtung! Sicherheitsbestände sind
programmierte Verschrottungsbestände!

Je nach Bedarf reichen sie unterschiedlich weit (Abb. 38). Der Disponent wird durch die Erfahrung gezwungen, einen Sicherheitsbestand mit ausreichender Reichweite festzulegen.

Jedes Dispositionssystem der Welt wird jetzt dafür sorgen, daß der Sicherheitsbestand dispositiv und damit bei Ableben dieser Sachnummer am Lager liegt, eines Tages zur Verschrottung.

Die aus der Karteikarten-Disposition stammenden Sicherheitsbestände müssen endgültig durch Sicherheitszeiten ersetzt werden.

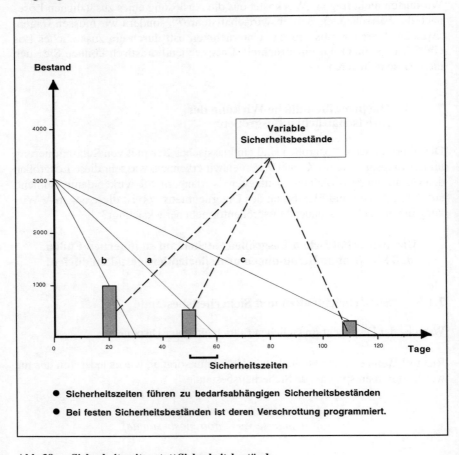

Abb. 38: Sicherheitszeiten statt Sicherheitsbestände

Diese führen dann sinnvollerweise bei zunehmendem Bedarf zu steigenden und beim Nachlassen des Bedarfs einer Sachnummer zu fallenden Sicherheitsbeständen (Abb. 38).

7.2 Der Weg zu niedrigen Vorräten

Entsprechend den Ursachen sind die Therapien zu gestalten. Insgesamt sollen wir ein Gesamtsystem entwickeln, welches folgender Generalforderung entspricht:

> *Wir müssen dazu kommen, daß das System, in dem wir arbeiten, systembedingt zu niedrigen Vorräten führt, deren Obergrenze von der Unternehmensführung bestimmt wird.*

Dieses System wird vom PM gefahren, dem wir die Verantwortung für die Höhe der Vorräte übertragen.

7.2.1 Kurze Durchlaufzeiten

Der Weg dorthin ist bereits ausführlich beschrieben. Die Reduzierung der Verweilzeiten der Vorräte in Ihrem Unternehmen ist der Generalschlüssel zu drastisch niedrigeren Vorräten.

7.2.2 Rückstandsarme Herstellung

Sobald wir die harmonisierte Leistungserbringung erreicht haben, gibt es keine Rückstände mehr. Die darin früher gebundenen Vorräte sind abgeflossen und Umsatz geworden. Im Durchschnitt sinkt dadurch Ihre Kapitalbindung der aktiven Vorräte um ein Drittel.

Der Einkauf kann jetzt endlich bedarfsgerecht „Just in Time, JIT" beschaffen und gewinnt Zeit für das so wichtige Beschaffungsmarketing, u. a. zur Verkürzung der Lieferzeiten.

7.2.3   Der Absatzplan mit kurzer Reichweite

Wenn die Liefer- und Durchlaufzeiten deutlich reduziert werden, braucht sich der Verkauf erst viel später vor dem Bedarfstermin über seinen Primärbedarf zu äußern. Der Anteil der Kundenaufträge im Planungshorizont steigt. Wir disponieren und bestellen viel später (Abb. 7, Seite 18).

Das Bestandsrisiko nimmt mit jedem Tag weniger Durchlaufzeit überproportional ab.

7.2.4   Aktives Bestandsmanagement

In diesem Kapitel soll dargestellt werden, wie das PM jene Kapitalbindung realisiert, die von der Unternehmensführung als maximal tragbar, also als absolute Obergrenze vorgegeben ist. Zu diesem Thema ist in diesem Buch bis hierher nichts geschrieben. Das soll jetzt geschehen.

Üblicherweise werden folgende Ziele für die Vorratsdisposition genannt:

• Niedrige Kapitalbindung in Vorräten
• Hohe Lieferbereitschaft
• Niedrige administrative Kosten (Bestellkosten als Einmalkosten)

Natürlich sind diese Ziele so unbrauchbar:

• Sie sind weder quantifiziert noch terminiert
• Sie stehen z. T. im Zielkonflikt zueinander

Wann sind also Ihre Bestände angemessen niedrig? Was halten Sie davon, wenn Sie Ihre Ziele quantifizieren und terminieren, z. B.:

„Innerhalb von 6 Monaten sind

• die Bestände auf 70% zu reduzieren und
• die Lieferbereitschaft in Serviceklassen zu differenzieren:

    – Klasse 1: 99% für lebenswichtige Teile
    – Klasse 2: 85% für Standardteile
    – Klasse 3: 70% für schnell beschaffbare oder substituierbare Teile

- die administrativen Kosten sollen dabei nicht steigen!
- Außerdem soll festgestellt werden, wieviele Bestände wir wirklich brauchen!"

An diesen Zielen können wir uns messen lassen. Wir werden einen einfachen Weg kennenlernen, die vom Unternehmer definierten Ziele zuverlässig zu erreichen.

7.2.4.1 Der betriebswirtschaftlich notwendige Bestand

Sicher können Sie den aktuellen Vorratsbestand im Unternehmen, mindestens aber den der letzten Bilanz, mühelos feststellen und sich erneut darüber aufregen.

Woher wissen Sie eigentlich, welcher Bestand gerechtfertigt wäre?

Sie vergleichen Ihre Werte mit Branchenkennzahlen?

Schmalenbach nannte den Vergleich eigener Werte mit Branchenkennzahlen oder mit jenem anderer Unternehmen „Schlendrian mit Schlendrian vergleichen".

Dabei ist es so einfach, den wirklich notwendigen Bestand zu ermitteln. Man muß es nur wirklich wollen.

Also analysieren wir: Wie setzt sich der Bestand eines gelagerten Teiles oder Erzeugnisses zusammen (Abb. 37, Seite 126).

- Es gibt einen Sicherheitsbestand. Bitte merken:
  Er entscheidet über die Lieferbereitschaft für dieses Teil.

- Die Losgrößen für die Nachlieferungen erhöhen periodisch den Bestand dieser Sachnummer, der sich dann bis zum nächsten Lagerzugang dispositiv wieder auf den Sicherheitsbestand abbaut.

Die in Abb. 37 dargestellte altbekannte Sägezahnkurve stellt diesen trivialen Zusammenhang idealisiert dar.

Es ist zu erkennen, daß der für dieses Lagerteil zutreffende Durchschnittsbestand leicht errechnet werden kann. Er ergibt sich aus dem Sicherheitsbestand plus dem halben durchschnittlichen Lagerzugang.

Dieser Durchschnittsbestand entspricht exakt dem betriebswirtschaftlich notwendigen Bestand dieser Sachnummer, nachdem Sie Ihre Parameter, wie z. B. Vorratszins, festgelegt haben.

Errechnet man aus diesem Bestand den Bestandswert und macht dieselbe Rechnung auch für alle anderen Lagerteile inkl. Erzeugnisse, addiert die so gefundenen Vorratswerte für alle Sachnummern, so gewinnt man den betriebswirtschaftlich notwendigen Bestand, solange Sie Ihre Parameter zur Sicherheitszeit- und Losgrößenrechnung beibehalten.

Einzelfertiger sollten die tatsächlich im Haus benötigten Kommissionsteile für die Ermittlung des betriebsnotwendigen Bestandes termingerecht hinzurechnen.

Vergleichen Sie dann Ihren tatsächlichen Bestand mit dem errechneten betriebswirtschaftlich notwendigen Bestand, erkennen Sie Ihren Handlungsbedarf. Denn der Quotient aus tatsächlich vorhandenem Bestand und betriebswirtschaftlich notwendigem Bestand ist eine äußerst wichtige, ständig zu beobachtende Führungszahl, die bei der ersten Rechnung erfahrungsgemäß über 2,0 liegt. Das heißt: Der tatsächliche Bestand ist mindestens doppelt so hoch wie der aufgrund Ihrer Parameter betriebswirtschaftlich notwendige.

Wenn wir Bestände beeinflussen wollen, müssen wir uns vor Augen führen, wie sie entstehen. Wir wissen: Für jede lagermäßig geführte Sachnummer setzt sich der Durchschnittsbestand zusammen aus:

• Sicherheitsbestand plus
• halbe durchschnittliche Losgröße.

Die Abb. 37, Seite 126, zeigt, wie unterschiedlich sich der Durchschnittsbestand bei unterschiedlicher Mentalität zweier Disponenten darstellen kann.

Die Chance, die Kapitalbindung in Vorräten selbst zu bestimmen steckt darin,

• die Sicherheitsbestände und
• die Losgrößen

gezielt zu beeinflussen.

7.2.4.2 Marktorientierte Sicherheitsbestände

Sicherheitsbestände sind sehr kapitalintensiv. Sie entscheiden aber über die Lieferbereitschaft einer Sachnummer. Um stets lieferbereit zu sein, werden Sicherheitsbestände entsprechend hoch angesetzt und bleiben dort trotz sinkendem Verbrauch „sicherheitshalber" bis zur anstehenden Verschrottung so groß stehen. Das bedeutet unnötig hohe Kapitalbindung, Abwertungen und Verschrottungskosten.

Wir dürfen also auf keinen Fall mehr mit von Disponenten vorgegebenen Sicherheitsbeständen arbeiten. Sie sind längst durch die überlegenen Sicherheitszeiten ersetzt. Sie werden per EDV bedarfsabhängig in jene Sicherheitsbestände umgerechnet, welche die gewollte Sicherheitszeit gerade abdecken (Abb. 38, Seite 128):

- Bei steigendem Bedarf (Linie a) steigt der Sicherheitsbestand.
- Bei abnehmendem Bedarf (Linie b) sinkt der Sicherheitsbestand.
- Die Sicherheitszeit bleibt mit z. B. 10 Tagen konstant.
- Ein fester Sicherheitsbestand bliebe unberührt vom veränderten Bedarf stehen und stünde bei abnehmendem Bedarf sicher zum Verschrotten an.

Abhängig vom voraussichtlichen Bedarf paßt sich der so ermittelte Sicherheitsbestand an und sinkt bei abnehmendem Bedarf gegen Null (Abb. 38, Seite 128).

Noch besser ist es, sogar die Sicherheitszeit von der EDV periodisch neu rechnen zu lassen. Dazu muß man allerdings wissen, warum Sicherheitszeiten nötig sind.

Sicherheit braucht man immer dann, wenn Unsicherheit herrscht. Es ist zum Beispiel gar nicht sicher, daß

- der Lieferant pünktlich liefert (Lieferunsicherheit)
- der Buchbestand (EDV) mit dem tatsächlichen Bestand tatsächlich übereinstimmt (Bestandsunsicherheit) und
- der voraussichtliche Bedarf im voraus sicher nach Mengen und Terminen vorausgesagt werden kann (Bedarfsunsicherheit).

Aus diesen Unsicherheiten ist eine gute EDV-Dispositionssoftware in der Lage, die jeweils zutreffende rechnerische Sicherheitszeit zu ermitteln.

- Bei steigenden Lieferzeiten steigen die Sicherheitszeiten.
- Bei abnehmenden Verbrauchsschwankungen (XYZ, s. Seite 146) fallen die Sicherheitszeiten.
- Bei steigenden Inventurdifferenzen steigen die Sicherheitszeiten, usw.

Es gibt bewährte Algorithmen, mit denen die Sicherheitszeiten per EDV-Programm errechnet und dem Umfeld (z. B. längeren Lieferzeiten, höheren Bedarfsschwankungen,...) ständig angepaßt werden können.

Jetzt wollen wir diese errechneten Zeiten im Sinne einer gewollten Bevorratung für die bestmögliche Marktversorgung beeinflussen.

7.2.4.3 Serviceklassengerechte Sicherheitszeiten

Die rechnerische Sicherheitszeit ist bisher ausschließlich aus den o.a. Einzelunsicherheiten entstanden. Die vom Disponenten gewünschte individuelle Serviceklasse kann über den Serviceklassenfaktor SKLF realisiert werden, mit dem die rechnerische Sicherheitszeit korrigiert wird, z. B.:

Serviceklasse 1 = Sachnummer darf nie fehlen: SKLF = 3,0
Serviceklasse 2 = Normaler Service: SKLF = 1,0
Serviceklasse 3 = Schnell beschaffbar: SKLF = 0,0

Damit Sie die Sicherheitszeiten und damit die Sicherheitsbestände zusätzlich über alle Sachnummern um dieselben Prozentsätze senken – oder auch anheben – können, gibt es noch einen politischen Faktor „FPO", der im EDV-Programm beim Start auf „1,0" gesetzt ist, also vorerst wirkungslos ist. Verändern Sie diesen Faktor z. B. auf „0,9", wird ab sofort mit 10% weniger Sicherheitsbeständen disponiert. Die Sicherheitsbestände werden um diese 10% sinken. Das ist z. B. ein Weg, wie Sie überhöht erscheinende Sicherheitsbestände wirkungsvoll und sicher senken können.

Die serviceklassengerechte Sicherheitszeit je Sachnummer sollte periodisch immer wieder neu errechnet werden:

Sicherheitszeit	=	Rechnerische Sicherheitszeit
	x	Serviceklassenfaktor (SKLF)
	x	Politischer Faktor (FPO)

Mit den periodisch neu errechneten Sicherheitszeiten, die Sie je nach gewünschtem Servicegrad und je nach maximal tolerierter Kapitalbindung direkt beeinflussen können, haben Sie die Kapitalbindung aller Sicherheitsbestände zu einer vom Fachmann bestimmbaren Größe gemacht. Sie sind in der Lage, diesen Teil der Kapitalbindung in Vorräten nach den Vorgaben der Unternehmensführung zu realisieren. Die Disponenten sind von der praktisch ohnehin nicht durchführbaren Pflege von Sicherheitsbeständen oder gar Sicherheitszeiten entlastet.

7.2.4.4   Durch Losgrößen verursachte Bestände

Die zweite und letzte betriebswirtschaftlich bedingte Ursache für die notwendige Kapitalbindung in Vorräten von Lagerteilen stellen die Losgrößen dar (Abb. 37, Seite 126).

Wir hatten bereits festgestellt, daß die Losgrößen nicht auf der Basis von Maschinenstundensätzen und statistischen Einmalkosten für externe Bestellungen errechnet werden dürfen. Das ergäbe eine ungerechtfertigt hohe Kapitalbindung.

Erinnern wir uns daran, daß die Losgrößen neben den Einmalkosten durch eine zweite von Ihnen zu bestimmende Einflußgröße bestimmt wird, die Lagerkosten.

Sie werden in Prozent angegeben. Ein Lagerkostensatz von 25% bedeutet, daß jährlich 25% der Kapitalbindung in Vorräten anfallen, um diese zu finanzieren, zu verwalten, zu lagern, etc.

Den relativ größten Anteil an den Lagerkosten stellen die Vorratszinsen dar. Sie haben den Vorteil, daß jeder Unternehmer frei ist, diesen Zinssatz selbst zu bestimmen und auch zu verändern, abhängig davon, was ihm zusätzliche Liquidität gegenwärtig wert ist.

Indem er den Vorratszins anhebt, sinken alle Losgrößen. Die Kapitalbindung in Vorräten geht systemimmanent zurück (Abb. 36, Seite 124).

Durch die Veränderung des Vorratszinses können Sie die Kapitalbindung in Vorräten zusätzlich steuern.

Inzwischen haben Sie kennengelernt, daß Sie die sogenannten wirtschaftlichen Losgrößen durch das Beschränken der Kosten auf die wirklich ertragsrelevanten und durch den von Ihnen frei zu wählenden Vorratszinssatz massiv beeinflussen dürfen und sollten.

Die Losgrößen, an denen Sie sich in der Praxis orientieren sollten, ergeben sich durch das direkte Einsetzen des gewollten Vorratszinses und der ertragsrelevanten Kosten als Einmalkosten in die Losgrößenformel.

Erfahrungsgemäß gestalten sich die Bemühungen im Unternehmen, die ertragsrelevanten Einmalkosten festzustellen, wegen des notwendigen Umdenkens von Führungskräften und Kostenrechnern als sehr zeitaufwendig.

Wenn Sie den Mut zu einfachen Wegen für den schnellen Erfolg aufbringen, können Sie Korrekturfaktoren definieren, welche die in Ihrem heutigen EDV-System errechneten Losgrößen nach oben oder – in der Regel – nach unten korrigieren:

Tatsächliche Losgröße   =   errechnete Losgröße x Korrekturfaktor

Den Korrekturfaktor legen Sie je Teileart z.B. wie folgt fest:

- Für Teile, die nicht über Engpässe laufen: =   0,5 fallend
- Für Teile, die über Engpässe laufen: =   1,3 steigend
- Für Zukaufteile: =   0,6 fallend

Selbstverständlich bleibt es Ihnen zusätzlich freigestellt, die Losgröße einer Sachnummer außerdem durch die Definition einer maximalen Reichweite zu beschränken (Abb. 36, Seite 124).

Außer bei verderblichen Gütern sollten Sie diese Losgrößenbeschränkung erst bei äußerster Liquiditätsanpassung oder unsicherem künftigen Bedarf verwenden.

7.2.4.5   Echte Engpaßarbeitsplätze und ihre Losgrößen

Wie im Kapitel 2.4 bereits geschildert, gefährden echte Engpässe ständig die Termintreue und treiben durch ihre hohen Losgrößen – sofern Rüstzeiten relevant – die Bestände hoch.

Glücklicherweise gibt es nur sehr, sehr wenige echte Engpässe. Wie wir damit umgehen, finden Sie im o.a. Kapitel 2.4.

In jedem Fall können Sie trotz möglicher einzelner Engpässe folgende lohnenden Maßnahmen zur zügigen Bestandssenkung durchführen:

• Stellen Sie fest, welche Arbeitsplätze echte Engpässe sind. Sie werden sehr wenige finden. Lassen Sie diese z. B. in Pausenzeiten nicht mehr abstellen und geben Sie Geld aus, die Rüstzeiten dieses echten Engpasses zu senken.

• Geben Sie kein Geld aus, die Rüstzeiten jener Maschinen zu senken, die keine Engpässe darstellen, das lohnt sich selten.

• Lassen Sie Ihre EDV ermitteln, welche Eigenfertigungsteile über Ihre echten Engpaß-Arbeitsplätze laufen.

• Isolieren Sie den „Engpaß-Arbeitsgang" in einem eigenen Arbeitsplan.

• Erhöhen Sie stufenweise die Losgrößen dieser „Engpaßteile".

• Senken Sie sofort stufenweise alle Losgrößen jener Teile, die nicht über Engpässe laufen, um mindestens 50%. Es ist der Löwenanteil Ihrer Teile.

Die Kapitalbindung Ihrer Eigenfertigungsteile inkl. Erzeugnisse wird fast auf die Hälfte zurückgehen.

Sie werden keine negativen Überraschungen erleben. Deutlich niedrigere Vorräte, weniger Lagerplatz und geringere Zinsbelastung, das sind leicht erreichbare Nutzen.

Noch einmal: Es kann nur ganz wenige echte Engpaß-Arbeitsplätze geben. So ein Arbeitsplatz läuft 3-schichtig und samstags. Er ist nicht substituierbar. Haben Sie davon wirklich welche? Erhöhen Sie nicht die Losgrößen, bevor Sie sich nicht wirklich davon überzeugt haben, daß es sich um einen echten Engpaß handelt.

Es versteht sich von selbst, daß sich Investitionen zur Entlastung der Dauerengpässe besonders lohnen.

7.2.4.6 Sie bestimmen Ihre maximalen Bestände und Ihre Lieferbereitschaft selbst

Wir haben inzwischen erkannt, daß wir durch die geschickte Verwendung von Parametern nahezu jeden gewünschten Bestand und jede Lieferbereitschaft realisieren können. Die Abb. 39 zeigt, welche Möglichkeiten dann bestehen.

Die Unternehmensführung definiert daher als Restriktion jene Vorratshöhe, die auf keinen Fall überschritten werden darf. Der Verkauf, die Produktion inkl. Montage sowie der Einkauf teilen dem PM die von ihnen für notwendig erachteten Servicegrade je Sachnummer bzw. Sachnummerngruppe z. B. wie folgt differenziert mit:

- Serviceklasse 1: Darf niemals fehlen

- Serviceklasse 2: Normaler Servicegrad

- Serviceklasse 3: Keine Sicherheit erforderlich

Der Verkauf ordnet seine Erzeugnisse diesen Klassen zu, die Produktion ihre Zukaufteile, Materialien und Halbfabrikate. Diese Festlegungen erfolgen in enger Abstimmung mit dem PM.

Serviceklasse 1 wären z. B. jene Erzeugnisse, die

- einen besonders hohen Deckungsbeitrag bringen und/oder

- wegen stärkstem Wettbewerb nur bei Sofortlieferung verkauft werden können, usw.

Die Produktion wird z. B. jene Zukaufteile und Halbfabrikate in die Serviceklasse 1 nehmen, aus denen sehr schnell zu liefernde Varianten hergestellt werden können. Für dieses Halbfabrikat schafft sich das Unternehmen dann eine gewollte Bevorratungsebene mit bewußt höherer Kapitalbindung, um schnellstmöglich – z. B. durch Schnellmontage – wichtige Varianten liefern zu können.

Wenn das PM diese Erkenntnisse in gezielte Aktionen umsetzt, kann es durch

What, if ...-Betrachtungen in einer EDV-Vorratssimulation

so lange die o.a. Parameter verändern, bis die von der Unternehmensführung vor-gegebene

- maximal geduldete Kapitalbindung in Vorräten und
- die gewünschte Lieferbereitschaft

erreicht sind (Abb. 40).

'What, if ... ?'-Betrachtungen

Maßnahmen \ Ziele	Kapital-bindung	Lieferbereitschaft	Verwaltungs-Rüstaufwand
Losgrößen — Vorrats-zins ↑	↓	—	↑
Vorrats-zins ↓	↑	—	↓
Eng-paß-faktor ↑	↑	—	↓
Eng-paß-faktor ↓	↓	—	↑
Ein-mal-kosten ↓	↓	—	↑
Ein-mal-kosten ↑	↑	—	↓
Sicherheitsbestände — Ser-vice-klasse ↑	↑	↑	—
Ser-vice-klasse ↓	↓	↓	—
Polit. Faktor ↑	↑	↑	—
Polit. Faktor ↓	↓	↓	—

Abb. 39: Aktives Bestandsmanagement

140

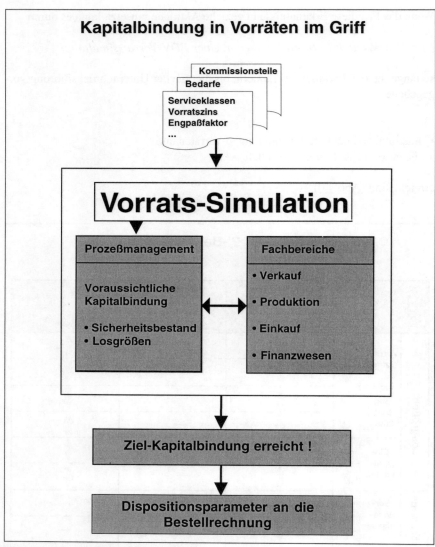

Abb. 40: Die Vorratssimulation

Sobald bei dieser Vorratssimulation der voraussichtliche Bestand mit dem von der Unternehmensführung vorgegebenen Bestand übereinstimmt, werden die so gefundenen Parameter und Sicherheitszeiten an die Bestellrechnung gegeben.

Dort bestimmen dann

- die Sicherheitszeiten, um wieviele Tage früher als rechnerisch notwendig das nächste Los vom Lieferanten oder von der eigenen Fertigung geliefert werden soll und

- die Vorratszinsen, Engpaßfaktoren und begrenzte Reichweiten, wie groß die Lose ausfallen sollen.

Mit dieser einfachen Vorgehensweise können die Unternehmensführer endlich auch das Vorratsvermögen in den Griff bekommen.

Die Unternehmensführung bestimmt selbst
die Höhe der Vorräte in der Bilanz!
Das Prozeßmanagement realisiert sie.

7.2.4.7 Sichern Sie Ihre Lieferbereitschaft durch marktgerechte Bevorratungsebenen!

Den gesamten Materialfluß kann man sich im LEISTUNGSPROZESS, dem bereits beschriebenen Leistungs-Ypsilon (Abb. 1) vorstellen.

Für viele Millionen DM liegen Vorräte zwischen Wareneingang und Versand auf oder zwischen den Wertschöpfungsstufen?

Wenn wir schon für viele Millionen Vorräte zwischen Wareneingang und Versand finanzieren, sollten wir sie dann nicht dorthin steuern, wo sie uns den größten Nutzen bringen?

Wer entscheidet heute, auf welchen Wertschöpfungsstufen die Vorräte mit welcher Lieferbereitschaft für Kundenaufträge disponiert werden sollen?

Was halten Sie davon, wenn wir die Vorräte gezielt auf jene

Bevorratungsebenen

steuern, die unsere Lieferbereitschaft bei begrenzten Gesamtbeständen bestmöglich sichern?

Müssen wir z .B. für ein Eigenfertigungsteil 'T2' (Abb. 41), das wir binnen Stunden aus einem Rohmaterial 'R8' herstellen können, irgendeinen Sicherheitsbestand haben? Müssen wir die selten gefragte Erzeugnisvariante 'E7' am Erzeugnislager haben, wenn wir sie aus seinen bewußt hoch bevorrateten Bauteilen, z. B. 'BG8' durch Schnellmontage herstellen können?

Abb. 43 zeigt ein Beispiel, wie durch die intelligente Schaffung von Bevorratungsebenen und nach Serviceklassen bewerteten Komponenten eine hohe Lieferbereitschaft bei beherrschten Beständen erreicht werden kann.

Welche Serviceklassen je Sachnummer notwendig sind, sollte durch genaue Betrachtung der Wertschöpfungsketten vom Wareneingang bis zum Erzeugnislager bzw. Außenlager gemeinsam mit den betroffenen Bereichen Verkauf, Produktion, Materialwirtschaft,... festgelegt werden.

Werden die Wünsche unrealistisch, holt uns die beschriebene Vorratssimulation (Abb. 40) wieder zurück zum Machbaren, indem sie die zu hohe Kapitalbindung voraussagt.

Die Unternehmensführung hat eine maximale Kapitalbindung vorgegeben. Nur in diesem Rahmen dürfen sich die Fachbereiche bewegen. Daß dieses geschieht, dafür ist das Prozeßmanagement verantwortlich.

Maximal die von der Unternehmensführung freigegebene Kapitalbindung wird im LEISTUNGSPROZESS marktgerecht positioniert.

7.2.4.8   Wir erkennen die unnötigen Bestände

Nachdem wir durch die Vorratssimulation festgestellt haben, wie hoch unsere Bestände eigentlich sein dürfen, vergleichen wir diese mit den tatsächlich in unserem Unternehmen vorhandenen. Der Schreck wird groß sein! Denn erfahrungsgemäß finden wir mehr als doppelt soviele Bestände, als wir nach der Festlegung von Serviceklassen und Losgrößenparametern tatsächlich haben dürften. (Abb. 35, Seite 120).

Dieses zeigt uns, welches gewaltige Bestandssenkungspotential in unserem Unternehmen vorhanden ist. Sie kennen die Symptome:

- Wann ist der Disponent ein guter Disponent? Wenn er keine Fehlteile hat.
  Also sorgt er für „gute" Bevorratung. Jeder von uns würde genauso handeln.

- Jeder bunkert Vorräte und Pufferzeiten.

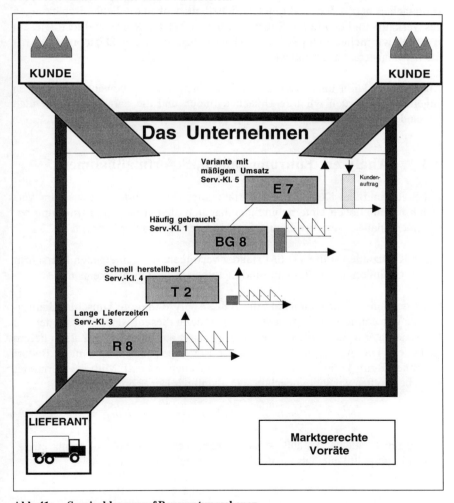

Abb. 41:   Serviceklassen auf Bevorratungsebenen

- Wir lasten Maschinen ohne Not mit großen Losen aus, und wir kaufen große Lose ein, weil uns beigebracht wurde, dies sei wirtschaftlich.

- Wir finanzieren hohe Vorräte und damit eine hohe Kapitalbindung und sind dennoch nicht durchgängig lieferfähig.

Schauen wir uns die unnötigen Bestände näher an, stellen wir als Hauptverursacher neben dem verbreiteten Sicherheitsdenken die Fehleinschätzungen des Verkaufs und den in der Regel weit unterschätzten Rückstand fest. Diesem kommen wir nicht durch geschickte Materialdisposition bei. Dazu brauchen wir das harmonisierte Unternehmen.

Aber alle anderen unnötigen Bestände können wir mit bewährten Analysen angehen. So werden wir ihre Ursachen finden und die daraus resultierenden Bestände zügig abbauen.

7.3   Analysen, Führungszahlen, Sofortmaßnahmen

Zur Steuerung und Kontrolle der Vorräte eines Unternehmens sowie zum Vergleich mit ähnlichen Unternehmungen hat sich die periodische Ermittlung bestimmter Analysen und Verfolgung verschiedener Kennzahlen bewährt.

Diese Kennzahlen sollte das PM ständig verfolgen, um den eigenen Fortschritt bei der Optimierung der Bestände und Lieferbereitschaften zu erkennen.

Ganz bekannte Kennzahlen sind die ABC-Analyse und die Umschlagshäufigkeiten. Wir empfehlen Ihnen, die EDV gerade in diesem Bereich besonders zu strapazieren, um sich weitere mindestens genauso aufschlußreiche Zahlen liefern zu lassen. Die Analysen werden in der Regel periodisch oder nach Bedarf errechnet. Beim Vergleich der eigenen Kennzahlen mit evtl. Mitbewerbern oder Branchen sollten wir sehr vorsichtig sein, damit wir laut Schmalenbach

„Nicht Schlendrian mit Schlendrian vergleichen."

Wir dürfen gerade bei der äußerst kapitalintensiven Vorratspolitik und marktrelevanten Lieferpolitik niemals mit dem Erreichten zufrieden sein.

7.3.1 Die ABC/XYZ-Analyse zum Verbrauchsverhalten

Ein wesentliches Mittel zur Klassifizierung der Sachnummern sowie zur Steuerung von Disposition und Einkauf ist die sogenannte ABC-Analyse. Dabei ergibt sich in aller Regel folgende Verteilung (Abb. 42):

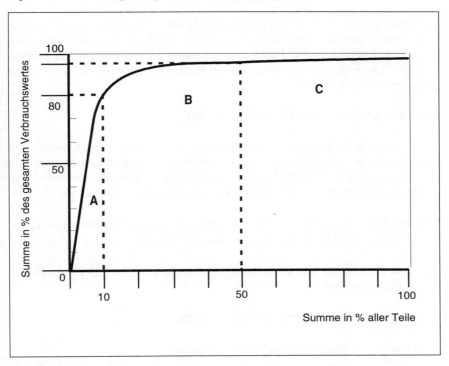

Abb. 42: ABC-Analyse

- *Max. 10% aller Sachnummern repräsentieren 80% des Gesamtverbrauchswertes. Diese Sachnummern nennt man A-Teile.*

- *Weitere ca. 40% aller Sachnummern repräsentieren 15% des Verbrauchswertes. Diese Sachnummern nennt man B-Teile.*

- *Die restlichen 50% aller Sachnummern verursachen nur 5% des Verbrauchswertes. Diese Sachnummern nennt man C-Teile.*

Da nur 10% aller Sachnummern (= A-Teile) schon 80% des Bedarfs-/ Verbrauchswertes ausmachen, sollte sich die Disposition auf diese besonders konzentrieren. Unzweckmäßig wäre es, für die wenig kapitalintensiven C-Teile ein aufwendiges Dispositionssystem einzuführen. Für viele C-Teile kann ein einfaches Dispositionsverfahren eingesetzt werden.

Aber aufgepaßt! C-Teile sind nicht unbedingt billige Teile und A-Teile nicht unbedingt teure Teile. Ein sehr häufig gebrauchtes A-Teil kann durchaus billiger sein als ein selten gebrauchtes C-Teil! Deswegen sollten Sie weitere Kriterien berücksichtigen, bevor Sie eine Sachnummer einer Bedarfsermittlungsmethode zuordnen (s. Kapitel 7.4.5, Seite 160).

Die XYZ-Analyse zum Verbrauchsverhalten

Das Verbrauchsverhalten einer Sachnummer ist eine wesentliche Kennzahl zur Auswahl des geeigneten Dispositionsverfahrens, zur automatischen Ermittlung des Glättungsfaktors ALPHA zur Sensibilitätssteuerung der Bedarfsvorhersage sowie für die Errechnung des jeweils notwendigen Sicherheitsbestandes.

Eine objektive, für alle Sachnummern vergleichbare Kennzahl zum Verbrauchsverhalten kann per EDV periodisch neu errechnet werden.

Sie legen Grenzwerte fest, nach denen jede Sachnummer ihrer „Verhaltenskategorie" zugeordnet wird:

* Klasse X: Geringe Verbrauchsschwankungen

* Klasse Y: Mittlere Verbrauchsschwankungen

* Klasse Z: Extreme Verbrauchsschwankungen

Die Kombination der ABC- und XYZ-Ergebnisse hilft bei der Konzentration der Dispositionsaktivitäten auf die wichtigen, besonders kritischen Sachnummern (Abb. 43).

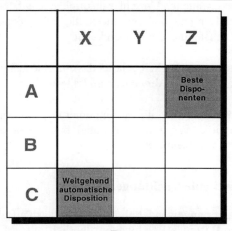

z.B.:
CX-Teile sind problemloser zu disponieren, als AZ-Teile

Abb. 43: Kombination der Analysen ABC und XYZ

Beispiel:

Eine „AX"-Sachnummer hat zwar einen hohen Verbrauchswert, aber geringe Verbrauchsschwankungen. Sie kann also durchaus für eine verbrauchsgesteuerte (stochastische) Disposition geeignet sein. Sollte die stochastische Disposition dieser Sachnummer durch verändertes Verbrauchsverhalten zum Risiko werden, kann das EDV-Programm dieses sofort feststellen und Ihnen eine Umstufung auf z. B. die bedarfsgesteuerte (deterministische) Disposition vorschlagen.

7.3.2 Umschlagshäufigkeit:

Diese Kennzahl gibt an, wie oft sich der Lagerbestand pro Jahr umgeschlagen hat. Sie ergibt sich je Sachnummer nach der Formel

$$\text{Umschlagshäufigkeit} = \frac{\text{Jahresverbrauch}}{\text{Durchschnittsverbrauch}}$$

Sortiert man die so ermittelten Umschlagshäufigkeiten aufsteigend, findet man am Beginn dieser Analyse jene Sachnummern, die sich äußerst selten umschlagen und am Ende der Aufstellung die Schnelldreher.

Eine geringe Umschlagshäufigkeit belastet das einzelne gelagerte Teil naturgemäß mit hohen Lagerkosten (lange Verweilzeit im Lager).

Die Umschlagshäufigkeit über alle Sachnummern ist ein Maß für die Qualität der Gesamt-Vorratspolitik. Vergessen Sie dabei bitte nicht den bereits zitierten „Schlendrian-Vers" von Schmalenbach!

7.3.3   Reichweitenbetrachtungen

Obwohl viel weniger angewendet als die Umschlagshäufigkeit, ist die Analyse und Wertung der Bestands-Reichweiten deutlich aufschlußreicher und nicht aufwendiger herzustellen.

Die Reichweite in Tagen errechnet sich undifferenziert über alle Sachnummern betrachtet:

$$\text{Reichweite (TG)} = \frac{\text{Lagerbestand}}{\text{Tagesverbrauch}}$$

Insofern ist die Reichweite der reziproke Wert zur Umschlagshäufigkeit. Denn eine Reichweite von 4 Monaten entspricht einer Umschlagshäufigkeit von 3, denn dreimal im Jahr schlägt sich der Lagerbestand um.

Die Reichweite gibt also jenen Zeitraum an, für den der Lagerbestand den voraussichtlichen Bedarf abdecken wird.

Interessanter wird es, wenn wir die Reichweite je Sachnummer errechnen. Dann ergeben sich natürlich ganz differenzierte Reichweiten. Sortieren Sie diese absteigend nach Reichweiten, werden Sie im Kopf dieser Aufstellung Sachnummern mit nahezu unendlichen Reichweiten erhalten und zum Ende der Aufstellung Reichweiten von wenigen Tagen.

Natürlich liegt es jetzt nahe, sich mit jenen Disponenten zuerst zu unterhalten, welche für die Sachnummern mit extrem großen Reichweiten verantwortlich sind.

Vorsicht Falle! Es kann in Einzelfällen, z. B. bei billigen C-Teilen, durchaus gerechtfertigt sein, eine lange Reichweite zu haben, wenn Sie z. B. billige Teile, wenig gebrauchte Teile selten und dann in Losgrößen bestellen.

Wir wollen aber nur jenen Reichweiten nachgehen, die wirtschaftlich unsinnig sind. Wie können wir diese ermitteln?

Fragen wir uns: "Wie hoch darf der Bestand einer Sachnummer maximal sein?" Welchen Bestand kann der Disponent verantworten?

Erinnern Sie sich bitte an die Sägezahnkurve.

Richtig: Maximal gerechtfertigt ist der Wert aus z. Z. gültigem Sicherheitsbestand plus eine ganze Losgröße. Dieser maximale Bestand kann theoretisch immer nur dann erreicht sein, wenn gerade eben eine Zulieferung erfolgt ist (Abb. 44).

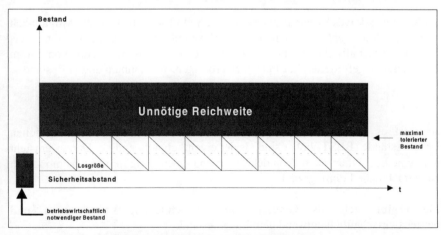

Abb. 44: Unsinnige Kapitalbindung durch unnötige Reichweiten

Nennen wir diesen Bestand den *maximal tolerierten Lagerbestand.*

Zum Auffinden der unnötigen Reichweiten und damit der unnötigen Bestände müssen wir also je Sachnummer nicht nur die absoluten Reichweiten errechnen lassen, sondern insbesondere die unnötigen Reichweiten:

$$\text{Unnötige Reichweite (Tage)} \quad = \quad \frac{\text{LBEST - (SIBE + DULO)}}{\text{Tagesverbrauch}}$$

Dabei bedeuten:
LBEST: Lagerbestand
SIBE: Sicherheitsbestand
DULO: Durchschnittliche Losgröße

Jetzt kennen wir die unnötigen Reichweiten je Sachnummer, lassen diese absteigend sortieren und sprechen über die größten Ausreißer - der Wert ist wichtiger als die Reichweite - mit den verantwortlichen Disponenten. Wir suchen die Ursachen und beseitigen sie so, daß sie nie wieder vorkommen können. Dieses ist eine Aktivität, die Sie sofort realisieren können. Sie sorgt unmittelbar für niedrigere Vorräte.

7.3.4   Führungszahl "Dispositionsqualität"

Im Kapitel "Aktives Bestandsmanagement", Seite 130, haben wir die Möglichkeit kennengelernt, ständig jenen Lagerbestand zu ermitteln, der aus betriebswirtschaftlicher Sicht eigentlich nur notwendig wäre, die von Ihrem Unternehmen geforderten Leistungen zu erbringen. Wir nannten diesen Bestand

den betriebswirtschaftlich notwendigen Bestand

Jetzt ist es natürlich interessant, ob und um wieviel unsere tatsächlichen Lagerbestände (BEST) höher sind als der eigentlich notwendige. Daraus entsteht jetzt eine hochinteressante, von der Unternehmensführung mindestens monatlich zu betrachtende Führungszahl.

Sie ergibt sich als Quotient aus tatsächlichem Lagerbestand und betriebswirtschaftlich notwendigem Lagerbestand:

$$\text{Dispositionsqualität} \quad = \quad \frac{\text{Tatsächlicher Bestand}}{\text{BTW-notwendiger Bestand}}$$

Diese Führungszahl ist bei der ersten Errechnung stets größer als 2,0.

Das bedeutet: Wir haben mehr als doppelt so viele Vorräte am Lager als wir eigentlich benötigen.

Das PM hat nun die Aufgabe, gemeinsam mit den Fachbereichen die Ursachen der Überbestände aufzuspüren und sie zu beseitigen.

Wie schnell und gut das gelingt, sagt allen Interessierten

die Führungszahl "Dispositionsqualität".

Diese Betrachtung können Sie natürlich ebenfalls für jeden Disponenten anstellen, um zu sehen, wie weit der einzelne vom Optimum entfernt ist.

In jedem Fall kennen Sie jetzt Ihren betriebswirtschaftlich notwendigen Bestand und brauchen sich nicht mit zweifelhaften Branchenkennziffern zu vergleichen.

7.3.5   Bestände im Rückstand

Der üblicherweise größte Verursacher unnötiger Bestände ist der hinreichend kritisierte Rückstand. Damit dieser ständig genau beobachtet werden kann, sollten wir dem PM aus der Simulation mitteilen lassen:

- Wieviele Kunden- und Fertigungsaufträge stecken mit welchen Werten im Rückstand?

- Wieviele Bearbeitungsstunden sind im Rückstand?

- Wieviele TDM Kapital ist in jenen Vorräten gebunden, die im Rückstand stecken?

Spätestens die ertragsfressende, unnötige Kapitalbindung in den Rückständen wird den letzten Zweifler für die eingangs geforderte vorlaufende Ressourcenharmonisierung motivieren.

Bei vorlaufend harmonisierten Ressourcen verschwindet der Rückstand.

Die Höhe des Rückstandes ist
eine hervorragende Führungszahl,
die Qualität der PM-Arbeit zu beurteilen.

7.3.6   Bestand ohne jeden Bedarf

Wie kann es sein, daß wir jede Menge Bestände ohne jeden Bedarf haben? Außer dem üblichen Sicherheitsdenken mit dem oft unerschütterlichen Glauben an große Lose finden wir den Hauptverursacher in der nicht grundsätzlich zu ändernden Ohnmacht des Verkaufs, den künftigen Absatz an Erzeugnissen zuverlässig vorauszusagen. Hier sei an das Bestandsrisiko zu langer Planungshorizonte erinnert.

Die so programmierten Abweichungen zwischen aktualisierten Absatzplänen und dem tatsächlichen Auftragseingang programmieren

• einerseits Fehlteile und

• andererseits Lagerhüter.

Sobald die Höhe dieser Bestände ohne Bedarf - oder besser: mit verlorenem Bedarf - in Mio. DM bekannt wird, gewinnen wir zusätzliche Freunde für

• kurze Liefer- und Durchlaufzeiten, die dieses Bestandsrisiko deutlich reduzieren (Abb. 7, Seite 18) und

• vom PM initiierte Anstrengungen, daß der Verkauf diese sonst zu verschrottenden Bestände in bisher verkaufbaren Erzeugnissen zu günstigen Konditionen in evtl. neue Märkte verkauft.

Einfallslos, dumm und teuer ist es, diese nicht mehr benötigten Vorräte bis zum Verschrottungstag liegen zu lassen.

7.3.7   Potential "Sicherheitszeit"

Wer legt heute die Sicherheitsbestände oder - besser - Sicherheitszeiten fest?

Klar ist:

Ein Tag weniger Sicherheitszeit
entspricht einer Vorratsreduzierung
um einen ganzen Tagesverbrauch.

Sobald diese Zahl bekannt wird, steigt das Interesse an der richtigen Gestaltung der Sicherheitszeiten. Erinnern Sie sich bitte an die verschiedenen Möglichkeiten, die Sicherheitszeiten marktgerecht zu gestalten.

7.3.8 Lagerhüteranalyse

Lassen Sie sich nicht nur zur Abwertung, sondern zur Ursachenforschung und evtl. doch noch ertragsrelevanten Verwendung alle Bestände geben, die z. B. länger als ein Jahr nicht verbraucht sind.

7.3.9 Der Wert nicht pünktlich gelieferter Bestellungen

In einem harmonisierten Leistungsprozeß führen zu späte Zulieferungen garantiert zu den gefürchteten Rückständen, sofern der Lieferverzug nicht durch entsprechende Sicherheitszeiten abgefangen ist.

Stellen Sie sich vor, ein KFZ-Zulieferer liefert Endmontageteile nur wenige Stunden später als gefordert. Das Montageband kommt zum Stillstand. Das kostet ihn viel Geld. Darum kommt es dort auch selten vor! Wie kann es sein, daß in Unternehmen anderer Branchen viele Zulieferungen um viele Tage oder gar Wochen zu spät kommen und trotzdem weiter produziert werden kann? Welche Sicherheitsbestände stecken dahinter?

Den Wert aller terminlich überfälligen Bestellungen sollten Sie aus mindestens zwei Gründen genau beobachten:

Überfällige Lieferungen

• kosten das Unternehmen unnötige Kapitalbindung in Sicherheitsbeständen und

• gefährden darüber hinaus unseren harmonisierten und synchronisierten, termintreuen *LEISTUNGSPROZESS* als unnötige Schnee- und Regenereignisse.

Sobald Sie in einer nicht harmonisierten Unternehmung feststellen, welcher Bestellwert in der Vergangenheit liegt, werden Sie erschrecken. Denn: Um genau diesen Wert würde Ihre Kapitalbindung nochmals höher sein, wenn Ihre Lieferanten alle pünktlich liefern würden.

Sobald Sie sich von diesem Schrecken erholt haben, können Sie aus diesem Wert einen Teil Ihres erheblichen Bestandssenkungs-Potentials erkennen. Denn: Eigentlich dürfte Ihre Produktion nicht fertigen können bei so vielen verzögerten Zulieferungen. Wenn doch, dann läßt das eben auf viel zu hohe Sicherheitsbestände und Rückstände - diese haben hier dieselbe Wirkung - schließen.

7.3.10   Anzahl Rahmenverträge

Nicht immer empfindet der Einkauf dieselbe Marktorientierung wie sie für den Verkauf lebenswichtig und selbstverständlich ist.

Wir haben bereits die ertragsrelevante Bedeutung kürzerer Lieferzeiten und kleinerer Lose herausgearbeitet.

Beides und sogar noch günstigere Preise sind mit Rahmenverträgen erreichbar. Deswegen lassen Sie sich vom Einkauf angeben, für wieviele Sachnummern aller lagermäßig geführten Zukaufteile es Rahmenverträge welcher Art gibt. Vereinbaren Sie mit ihm Termine, zu denen eine definierte Anzahl weiterer Rahmenverträge abgeschlossen sind.

7.3.11   Reichweite freigegebener Fertigungsaufträge

Freigegebene Fertigungsaufträge haben Frozen-Zone-Charakter. Obwohl der Markt schnellstmögliches Agieren, zumindest aber Reagieren erfordert, ändert der Betrieb logischerweise ungern bereits freigegebene Aufträge.

Schon deshalb müssen wir versuchen, Fertigungsaufträge mit ihren Unterlagen so spät wie möglich in den Betrieb zu geben. Unsere beschriebene Organisation der Arbeitsvorräte entschärft dieses Thema ganz erheblich. In jedem Fall sollten wir die Reichweite und das Arbeitsvolumen der freigegebenen Fertigungsaufträge genau beobachten, um sowohl die Reichweite als auch das Volumen möglichst klein zu halten.

7.3.12 Durchlaufzeiten und Wertschöpfung

Wie eingangs festgestellt, ist der Wertschöpfungsanteil an den Durchlaufzeiten für Kundenaufträge und Materialien mit meistens deutlich weniger als 5% beklagenswert niedrig und stellt damit die Ertragsreserve in Ihrem Unternehmen dar.

Zur ständigen Erfolgsbewertung der verbesserten Organisation und Motivation für alle Beteiligten sollte das inzwischen erreichte Wertschöpfungsverhältnis monatlich neu errechnet und der Unternehmensführung mitgeteilt werden.

7.4 Die richtige Dispositionsart

Für die ertragsmaximierende Disposition unserer Vorräte haben wir verschiedene Dispositionsarten zur Verfügung wie

- Mindestbestand,
- verbrauchsgesteuerte (stochastische) Disposition,
- bedarfsgesteuerte (deterministische) Disposition und
- die Disposition durch den Disponenten selbst (heuristisch).

Pro Sachnummer kann unter bestimmten Umfeldbedingungen immer nur eine Dispositionsart die beste sein.

Welche Sachnummer soll
also mit welcher Dispositionsart disponiert werden?

Schauen wir uns dazu zunächst einmal die Dispositionsarten näher an:

7.4.1 Mindestbestand

Einfache Methode: Immer wenn dieser, wie auch immer definierte Bestand unterschritten ist, wird eine meistens fest definierte Losgröße nachbestellt. Diese Methode ist früher bei der Karteikartendisposition auch für die "Bestellpunkt"-Disposition verwendet worden. Mindestbestände sind programmierte Verschrottungsbestände. Deswegen ist diese Methode heute nur noch geeignet und gerechtfertigt für:

• Ersatzteile für eigene Anlagen (Wartung),

• Exotenteile und -Erzeugnisse, die sich der Verkauf leisten will, sowie

• Schüttgüter geringsten Wertes.

7.4.2 Die verbrauchsgesteuerte Bedarfsermittlung

Vorhersagemodelle ermöglichen eine statistische Bedarfsvorhersage. Sie basiert auf dem bisherigen Verbrauchs- oder künftigen Bedarfsverlauf einer Sachnummer.

Ein einfaches, leistungsfähiges Vorhersagemodell ist die "exponentielle Glättung erster Ordnung".

Zur Ermittlung der neuen Bedarfsvorhersage wird die Differenz zwischen der Vorhersage und dem tatsächlichen Verbrauch der letzten Periode mit einem Glättungsfaktor ALPHA bewertet und der alten Bedarfsvorhersage zugeschlagen nach der Formel:

$$\text{Aktuelle Vorhersage} = VA + ALPHA\,(T - VA)$$

Dabei bedeuten:

VA   =   Alte Vorhersage, bisher gültig
ALPHA =   Glättungsfaktor (0,1 bis 0,3)
T   =   Tatsächlicher Verbrauch in der soeben vergangenen Periode (meistens 10 Arbeitstage)

Dieses Prognoseverfahren benötigt nur wenige Informationen, ist für jeden Anwender einfach nachzuvollziehen und äußerst effizient. Unterschiedliche ALPHA-Werte verändern die Sensibilität der Vorhersage.

Bei starken Verbrauchsschwankungen wird eine geringe Sensibilität (kleines Alpha) verlangt, wie die Abb. 45 mit dem ALPHA = 0,1 zeigt.

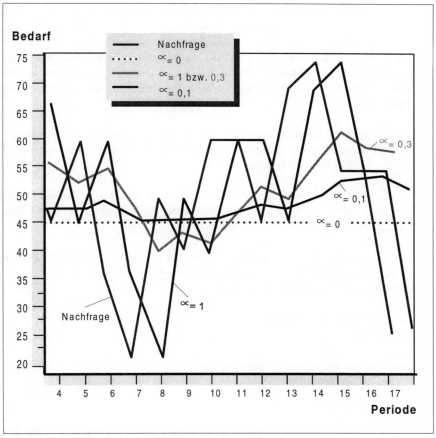

Abb. 45: Vorhersage mit verschiedenen Glättungsfaktoren

Bei geringen Verbrauchsschwankungen sollte die Sensibilität stärker (großes Alpha) sein, um Trends schneller folgen zu können.

Zur Entlastung der Disponenten sollte der Glättungsfaktor ALPHA vom EDV-Programm automatisch dem aktuellen Verbrauchsverhalten angepaßt werden.

Es gibt sehr komplizierte Prognoseverfahren. Die Praxis zeigt, daß jede Prognose ungenau ist und im Einzelfall nur zufällig richtig liegt.

Deshalb empfehlen wir dieses einfache Verfahren nach der alten Weisheit:

*"In nichts erkennt man Unkenntnis mehr als in
unnötiger Genauigkeit."*

Die exponentielle Glättung erster Ordnung eignet sich gut für alle Sachnummern
mit hohem Verbrauch, geringen Verbrauchsschwankungen und niedrigen Werten.
Mangels Alternative wird es häufig auch für die Prognose zur Absatzplanung
herangezogen.

Mit einem festen Glättungsfaktor Alpha von 0,1 eignet sich dieses Prognoseverfahren hervorragend, zusätzlich Durchschnittsbestände, Durchschnitts-
Losgrößen usw. periodisch fortzuschreiben.

Sofern Sie ein Prognoseverfahren für den künftigen Bedarf von Sachnummern
verwenden, sollte Ihnen das EDV-Programm herausfiltern, welche Ihrer
Sachnummern überhaupt prognosefähig sind.

Es ist z. B. unsinnig, den Bedarf einer Sachnummer prognostizieren zu wollen,
die im ganzen letzten Jahr nur wenige Male vom Lager entnommen wurde.
Kriterien für die Prognosefähigkeit sind z. B.:

• Verbrauchswert (ABC-Klasse)
• Verbrauchsschwankungen (XYZ-Klasse)
• Verbrauchshäufigkeit
• Preis bzw. Herstellkosten der Sachnummer
• Beschaffungs-/Herstellzeit
• Neue Sachnummer

Soweit Sachnummern ausschließlich verbrauchsgesteuert disponiert werden
sollen, können diese Prognosen natürlich sofort im selben EDV-Programm in
einer einfachen Nettobedarfs- und Bestellrechnung zu Dispositionsvorschlägen
wie Bestellungen, Mahnungen, Umterminierungen auf früher oder später sowie
Teilstorni und Storni endgültig bearbeitet werden.

7.4.3   Die bedarfsgesteuerte Bedarfsermittlung

Hier haben wir es mit der exaktesten Dispositionsmethode zu tun, sofern die
Primärbedarfe, die über Stücklisten in ihre Sekundärbedarfe ausgelöst werden,
aus echten Kundenaufträgen bestehen.

Sind die Primärbedarfe auf der Basis von Prognosen entstanden, wird mit der bedarfsgesteuerten Bedarfsermittlung nur eine gefährliche Scheingenauigkeit vorgetäuscht.

In diesem Fall ist dann die verbrauchsgesteuerte Disposition der Zukaufteile und Komponenten dieser Scheingenauigkeit vorzuziehen. Denn die Prognose ist auf der Erzeugnisebene wegen des hohen Wertes der Erzeugnisse gefährlich und wegen der begrenzten Verbrauchshäufigkeit unsicher. Die Prognose-Eignung wird auf den unteren Fertigungsstufen ständig besser, weil

• die Verbrauchshäufigkeit dort ständig zunimmt und

• das Prognoserisiko wegen der geringeren Preise und Herstellkosten auf den unteren Wertschöpfungsstufen viel geringer ist (Abb. 46).

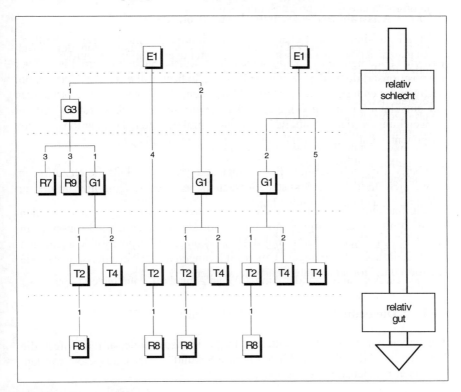

Abb. 46: Prognoseeignung

7.4.4   Die heuristische Disposition durch den Disponenten

In Einzelfällen wie

- neue Sachnummer,

- Lieferzeit länger als Planungshorizont,

- teures Teil mit extremen Verbrauchsschwankungen (AZ-Teil)

sollte sich der beste Disponent die Bedarfsermittlung persönlich vorbehalten.
Seine Kenntnisse und Einschätzungen sind der EDV-Logik in diesen Einzelfällen
weit überlegen.

7.4.5   Auswahl der geeigneten Dispositionsart

Wichtig ist, daß Ihr EDV-Programm nach von der Disposition definierten
Kriterien (Bedingungen) ständig herausfiltert, welche Sachnummern mit welcher
Dispositionsart disponiert werden sollten. Periodisch sollte Ihr EDV-Programm
nach von Ihnen festgelegten Kriterien überprüfen, ob die bisherigen Zuordnungen
der einzelnen Sachnummern zu den Dispositionsarten noch zutreffen und bei
Abweichungen der ermittelten von der praktizierten Dispositionsart den
Disponenten entsprechende Dispositionswechsel vorschlagen.

Um bei Vorliegen bestimmter Bedingungen zu gewollten Maßnahmen zu finden,
eignet sich die Entscheidungstabellentechnik sehr gut. Es geht hier immer um
"Wenn ..... , dann ..... -Entscheidungen":

Wenn bestimmte Bedingungen vorliegen,
dann sind vordefinierte, vereinbarte Maßnahmen zu treffen

Wie Sie als Autofahrer vor der Ampel: Wenn Ampel rot, dann halten (Abb. 47).

- Verhalten an einer Verkehrsampel -					
B E D I N G U N G E N	**Qualitativer Teil**	**Quantitativer Teil**			
		Regel 1	Regel 2	Regel 3	Regel 4
	Wenn Ampel rot	J	-	-	-
	Wenn Ampel grün	-	J	-	-
	Wenn Ampel gelb	-	-	J	J
	Wenn Polizist da	U*	U*	J	N
Maß- nah- men	dann fahren		X		X
	dann halten	X		X	

* Unwesentlich

Abb. 47:   Entscheidungstabellentechnik

Abhängig von den Ergebnissen z. B. der ABC- und XYZ-Analyse sowie weiteren relevanten Kriterien (Abb. 48), teilt die Entscheidungstabelle die einzelnen Sachnummern zur Entlastung der Disponenten den möglichen Dispositionsarten zu, wie:

* Mindestbestand
* stochastisches Verfahren
* deterministisches Verfahren
* Disposition durch Sachbearbeiter

Die Kriterien und Grenzwerte können dem EDV-Programm von der Disposition mit Hilfe einer Entscheidungstabelle ohne große Schwierigkeiten mitgeteilt werden.

Der Disponent weiß am besten, bei welchen Bedingungen welche Dispositionsart zum Einsatz kommen soll.

Der Disponent kann natürlich die automatische Zuordnung für einzelne Sachnummern übersteuern. Er trägt die Verantwortung.

Mit dieser einfachen Logik ist ab sofort sichergestellt, daß jede Sachnummer stets nach der für sie am besten geeigneten und für das Unternehmen wirtschaftlichen Bedarfsermittlungsart disponiert wird. Das geschieht dann weitgehend automatisch. Der Disponent ist von dieser Routinearbeit frei und kann sich auf lohnendere Vorhaben zur Ertragssteigerung Ihres Unternehmens konzentrieren.

Bedingungen:	R1	R2	R3	R4	R5	Rn
Stücklistenteil ?						
Prognosefähig ?						
Basis Kundenauftrag ?						
Verbr.-Häufigkeit/Pers.						
Preis in DM						
ABC-Klasse						
XYZ-Klasse						
Besch.Zt. > 0,8 Pl.Hor. ?						
Besch.Zt. < 5 Tage ?						
Service-Klasse						
Maßnahmen:						
Mindestbedarf						
verbrauchsgesteuert						
bedarfsgerecht						
Disponent						

Abb. 48:   Ermitteln gewollter Bedarfsermittlungsart per System

8. Ertragspotential Markt

Für die Materialdisposition und Steuerung des LEISTUNGSPROZESSES in der Serienfertigung ist in der Regel ein Absatzplan vorhanden, der vom Verkauf bestmöglich erstellt wird. Dieser Absatzplan orientiert sich schwerpunktmäßig an den Vorstellungen des Verkaufs, welche Produkte er mit seinen begrenzten Ressourcen mit dem geringsten Aufwand absetzen kann.

8.1 Absatzplanung

Serienfertiger mit vielen verkaufsfähigen Enderzeugnissen wissen ein Lied davon zu singen, wie schwer und oft aufwendig ein halbwegs realistischer Absatzplan zu erstellen und zu pflegen ist (<u>Abb. 49</u>).

Abb. 49: Absatzplanung

Fehleinschätzungen sind in der Absatzplanung geradezu normal, ein falsches oder gar kein System meistens unverzeihlich.

Wir haben erkannt, daß wir das Problem "Zuverlässige Absatzplanung" wesentlich entspannen können, wenn wir die Lieferzeiten unserer Lieferanten und insbesondere unsere Durchlaufzeiten deutlich reduzieren. Bei wenigen Tagen Durchlaufzeit wäre ein Absatzplan gar nicht mehr nötig.

Die Erstellung des Absatzplanes bleibt ein Risiko in der Disposition der für die Zukunft zu beschaffenden Ressourcen.

Soweit wir bei der Absatzplanung auf Prognoseverfahren zurückgreifen müssen, empfehlen wir die bereits beschriebene exponentielle Glättung erster Ordnung mit ihrem variablen Glättungsfaktor ALPHA.

Mit ihr können Absatzplanzahlen errechnet werden, soweit die Erzeugnisse prognosefähig sind. Es entsteht dann die in der Abb.50 sogenannte

Absatzprognose.

8.2   Prognosekorrektur

Hätten Sie genug weitreichende Kundenaufträge oder wären Ihre Durchlaufzeiten sehr kurz, könnten wir auf die unsichere Prognose verzichten. Also sollten wir wenigstens jene Kundenaufträge nutzen, die bereits im Haus sind und damit unsere Absatzprognose korrigieren

zum errechneten Absatzplan (Abb. 50).

Dabei muß natürlich sichergestellt werden, daß die Überlagerung von Prognosemengen und Kundenaufträgen weder zur Über- noch Unterversorgung mit Ressourcen führt. So eine Aufgabe ist relativ leicht lösbar. Ziemlich einfallslos wäre es, die bereits vorhandenen Kundenaufträge nicht zur marktgerechten Anpassung der Absatzplanzahlen zu verwenden und damit diese Kundenaufträge nicht in die Ressourcendisposition einzubeziehen.

Gehen wir also davon aus, daß wir den per EDV prognostizierten Absatzplan um die vorliegenden Kundenaufträge ebenfalls per EDV korrigieren lassen.

Bis hierher hat der Verkauf seine eigene Marktkenntnis noch gar nicht in den von ihm zu verantwortenden Absatzplan eingebracht.

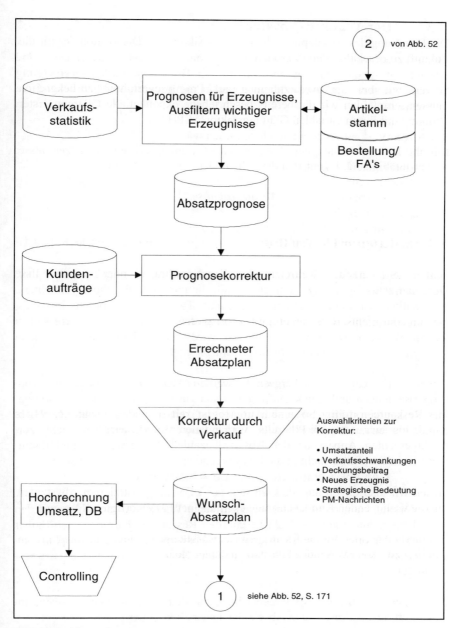

Abb. 50: Absatzplanung

8.3   Der Wunsch-Absatzplan

Der Verkauf sollte sich nun jene Erzeugnisse mit ihren errechneten und korrigierten Absatzzahlen ansehen, die für den Ertrag und die Marktversorgung besonders interessant sind, oder an denen er aus anderen Motiven besonderes Interesse hat.

Nach vom Verkauf zu definierende Kriterien wie

- Umsatzanteil, z. B. A-Teile,
- Verkaufsschwankungen, z. B. Z-Teile,
- Deckungsbeitrag,
- neues Erzeugnis,
- Erzeugnis mit strategischer Bedeutung oder
- Hinweise vom PM über Chancen zur Ertragsmaximierung (siehe Kap. 8.4)

sollten dem Verkauf die ihm zur manuellen Korrektur wichtigsten Erzeugnisse gezeigt werden.

Sofern ihm nichts Besseres einfällt, wird er diese errechneten Bedarfe stehen lassen. Wo er bessere Informationen hat, wird er sie ändern. Damit liegt dann endlich

der Wunsch-Absatzplan (Abb. 50)

des Verkaufs vor. Hier bietet sich die Möglichkeit einer Hochrechnung, ob das Unternehmen mit diesem Plan seine Ertragsziele erreichen wird.

8.4   Der ertragsmaximierende Absatzplan

Der Verkauf kann nicht wissen, wie gut seine Wunsch-Absatzzahlen mit den vom Unternehmen auf Verdacht beschafften Ressourcen harmonisieren (hoher Ertrag), oder ob sie diese Ressourcen betriebswirtschaftlich katastrophal - an einigen Stellen Samstagsarbeit, an anderen Kurzarbeit - belasten (Ertragsverluste).

Deswegen sollten Sie das PM den Dialog mit dem Verkauf führen lassen, um einem ertragsmaximierenden Absatzplan näher zu kommen.

Das Ziel "Ertragsmaximierung" enthält nicht die Notwendigkeit, jeden Umsatz mitzunehmen. Vielmehr sollten jene Verkaufschancen genutzt werden, welche in ihrem Mix den größtmöglichen Ertrag für das Unternehmen realisieren.

Daraus resultiert die Aufgabe, jenes verkaufbare Auftrags-Mix zu finden, welches bei den vorhandenen und beschaffbaren Ressourcen (Personal, Maschinen, Vorräte, ...) den höchsten tatsächlichen Ertrag bringt.

8.4.1 Lösungsansatz

Wir erreichen den richtigen Mix nicht, wenn wir lediglich die je Erzeugnis ermittelten Deckungsbeiträge berücksichtigen. Stellen Sie sich vor, Sie verkaufen ausschließlich jene Produkte, die den höchsten Deckungsbeitrag aufweisen. Sie gehen Konkurs.

Die von diesen Produkten betroffenen Arbeitsplätze werden überlastet. Kostentreibende Überstunden und teure Sonderschichten sind die Folge. Alle anderen Arbeitsplätze bleiben ungenutzt, viele Vorräte sind programmierte Verschrottungsbestände. Der Ertrag geht in den Keller.

Damit wir das ertragsmaximierende Produktmix - also den lukrativsten Absatzplan inkl. Kundenaufträge - finden, müssen wir versuchen, jene Produkte zu planen und zu verkaufen, welche die vorhandenen Ressourcen (Personal, Maschinen, Vorräte,...) maximal nutzen. Stellen Sie sich z. B. vor, Sie gewinnen einen Kundenauftrag, der eine sonst garantiert nicht benötigte Maschinenkapazität nutzt. Der so erzielte Zusatzumsatz wäre fast zu 100% Ertrag, oder?

Stellen Sie sich weiter vor, Sie holen einen weiteren Auftrag herein, der Vorräte nutzt, die kein vorhandener oder künftiger Auftrag benötigt. Diese Vorräte stehen alternativ zur Verschrottung an. Wie hoch ist der tatsächliche Ertrag dieses Auftrags für das Unternehmen? Zuhöchst lukrative Überlegungen!

Gibt unsere Kostenrechnung Antwort auf diese Fragen? Ermutigen Sie den Verkauf, sich besonders um diese hochlukrativen Aufträge zu bemühen. Warum kann sich ein Maschinenbauer nicht als verlängerte Werkbank anbieten, um seine sonst freien Ressourcen ertragswirksam zu nutzen?

So etwas bedeutet z. B., daß ein Unternehmen seine für die eigenen Erzeugnis-
aufträge trotz äußerster Anstrengungen nicht nutzbaren Maschinen als
verlängerte Werkbank anbietet.

Stellen Sie sich vor, es gelingt Ihnen, für eine sonst nicht voll genutzte
Maschine einen Auftrag im Sinne einer verlängerten Werkbank zu bekommen.
Wieviel % des mit diesem Zusatzauftrag auf bisher fremdem Markt herein-
geholten Erlöses ist der Ertrag?

Sie haben recht. Nahezu 100% dieses Erlöses sind Ertrag!

Abb. 51, zeigt ein Beispiel aus einer Drehmaschinenfabrik, die sich zur
Ertragserhöhung einen äußerst lukrativen zusätzlichen Markt erschlossen hat.

Quintessenz:

Den ertragsmaximierenden Verkaufsplan können Sie realisieren, wenn Sie
ständig im voraus erkennen,

• welche Kapazitäten und/oder Vorräte voraussichtlich nicht gebraucht
  werden und
• bei welchen Ressourcen teure Engpässe drohen.

Aus diesen Erkenntnissen sollte der Verkauf seine Marketing- und
Verkaufsaktivitäten auch auf jene Produkte konzentrieren, die bisher nicht
genutzte Ressourcen verwenden. Andererseits sollte er keine Werbeaktion für
Erzeugnisse starten, die Sie nur in teuren Überstunden herstellen können.

Wenn Sie diese Abhängigkeit in Ihrem Unternehmen nicht kennen, laufen Sie
Gefahr, trotz Umsatzausweitung den Ertrag zu verlieren. Das hat schon
manchen Unternehmensführer den Job gekostet.

Da entsprechende Appelle an den Verkauf erfahrungsgemäß wenig nutzen,
sollte man es den Verkäufern zur besonderen Freude machen, mit Priorität die
ertragsrelevanten Produkte zu verkaufen, indem wir ihnen dafür ganz besonders
hohe Provisionen zahlen. Damit ist die Tür zu einem ertragsstärkenden
variablen Provisionssystem aufgestoßen.

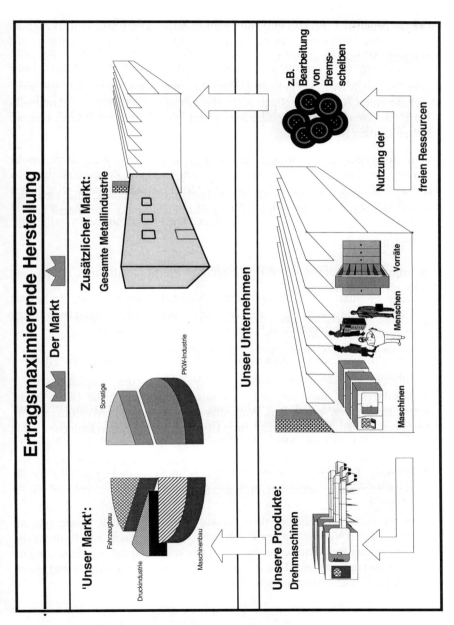

Abb. 51: Wir bieten uns auch als verlängerte Werkbank an.

8.4.2   Lösungsweg zur ertragsstarken Absatzplanung

Der Verkauf erstellt wie bisher seinen Absatzplan mit Inhalten, die eine Identifizierung der geplanten Produkte, ihrer gewünschten Mengen und Termine zulassen. Diese Absatzplanung kann durch ein praxisgerecht arbeitendes EDV-Prognosesystem inkl. Prognosekorrektur durch vorhandene Kundenaufträge und direkter Korrektur durch den Verkauf unterstützt werden (Abb. 50, Seite 165).

Durch die synchrone deterministische Auflösung des Wunsch-Absatzplanes in terminierte Bedarfe für Halbfabrikate (Eigenfertigung) und Zukaufteile sowie in terminierte Belastungen für Personal- und Maschinenarbeitsplätze wird deren Gegenüberstellung zu den bisher geplanten Ressourcen möglich. Drohende Disharmonien werden von der dafür entwickelten Prozeßsimulation aufgezeigt (Abb. 52).

Die Mitarbeiter des Prozeßmanagements kennzeichnen nun

•   jene Produkte, deren zusätzlicher Verkauf wegen sonst drohender Unterlast von teuren Arbeitsplätzen oder drohender Materialverschrottung eine besonders interessante Ertragschance nutzen würde und

•   jene Produkte, deren zusätzlicher Verkauf wegen Überlast zu erhöhten Kosten führen würde.

Bei der nächsten Absatzplan-Fortschreibung wird der Verkauf zwangsläufig auf die Hinweise des PM aufmerksam gemacht (Abb. 50). Er hat nun die Chance, seine Planzahlen auf maximale Unternehmenserträge auszurichten.

Der äußerst ertragsrelevante Dialog des PM mit dem Verkauf ist mit dieser Ablauforganisation systemimmanent institutionalisiert und wird deswegen funktionieren.

171

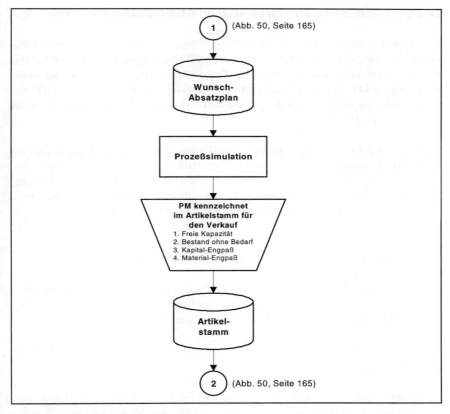

Abb. 52:   Dialog PM mit Verkauf

8.4.3   Der Verkauf realisiert den ertragsstarken Absatzplan

Da wir jetzt wissen, welche Produkte für welche Zeiten besonders stark oder zurückhaltend vermarktet werden sollten, geben wir den Verkäufern

•   wenig Provision für Produkte, welche die bereits bestehenden Engpässe zusätzlich kostentreibend strapazieren und

•   sehr viel Provision für Produkte, die sonst nicht genutzte Ressourcen verwenden.

Wenn Sie sich vor Augen führen, daß die Ertragssicherung das oberste Ziel jedes Unternehmers in der Marktwirtschaft sein muß, und uns der o.a. Weg ein wesentliches Stück auf diesem Weg weiterbringt, spricht der Nutzen für sich. Denn der maximal mögliche Ertrag eines Unternehmens ist - was den Ressourceneinsatz angeht - dann erreicht, wenn alle Ressourcen aufgrund verkaufter oder umgehend verkaufbarer Leistungen ausgelastet bzw. in Anspruch genommen sind und die Liegezeiten zwischen den Operationen so kurz wie möglich sind.

Dafür ist der Dialog zwischen Verkauf und Prozeßmanagement ein wichtiger, interessanter Schritt.

9. Wege zur dauerhaften Gemeinkostenreduzierung

Im Kapitel 6 haben Sie bereits kennengelernt, wie durch die flache Hierarchie Gemeinkosten eingespart werden können.

In diesem Kapitel ist beschrieben, wie Sie Ihre Gemeinkosten nochmals um mehr als 10% herunterfahren und dann permanent weiter senken können.

Schauen Sie sich einmal die Kostenstruktur eines durchschnittlichen Industrie-Unternehmens an:

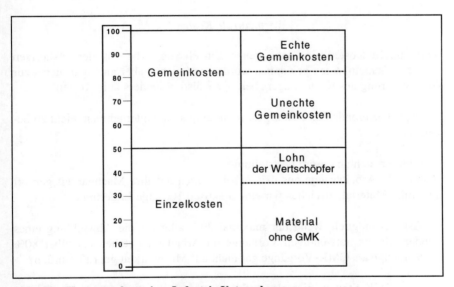

Abb. 53: Kostenstruktur eines Industrie-Unternehmens

Seit mindestens 40 Jahren versuchen wir, den ohnehin ständig abnehmenden Lohnanteil der Wertschöpfer aus den Arbeitsfolgen minutenweise zu senken.

Mit welcher Intensität haben wir ähnliches bei den Gemeinkosten getan? Kaum!

Hier sind besonders die „unechten Gemeinkosten" interessant. Das sind nämlich eigentlich Einzelkosten.

Darin stecken Vorgänge wie Disposition, Beschaffen, Rechnungen prüfen, Ware annehmen, Ware prüfen, Einlagern, Lagern, Auslagern, Material bereitstellen, Transportieren, Verpacken, Versenden, Zahlungseingänge prüfen, sowie Konstruieren, Arbeitspläne und NC-Programme erstellen, usw.

Mit einigen guten Ideen und geeigneter Software kann man die unechten Gemeinkosten in Einzelkosten umwandeln und diese in denselben Focus nehmen wie wir es seit über 40 Jahren mit den Arbeitsfolgen aus den Arbeitsplänen tun.

Nennen wir diese in Einzelkosten umgewandelten unechten Gemeinkosten

Wertneutrale Kosten !

Wertneutrale Kosten sind jene neuen Einzelkosten, die aus den bisherigen unechten Gemeinkosten gewonnen wurden und nichts, aber auch gar nichts zur Wertsteigerung des Kostenträgers beitragen, also besonders üble Kosten.

Diese provozierende Feststellung ist im intelligenten Unternehmen leicht zu beweisen.

Sie erinnern sich an unsere Feststellung:
„Wenn alle Arbeitsgänge aus den Arbeitsplänen auf ihre Machbarkeit geprüft sind, inkl. Material, erreichen wir eine praktisch 100%ige Liefertreue."

Wie ist das möglich, wenn nur maximal 20% aller für die Abwicklung eines Kundenauftrags notwendigen Vorgänge im Arbeitsplan stehen und über 80% der Vorgänge als GMK-Vorgänge gar nicht auf Machbarkeit geprüft wurden?

Da die GMK-Stellen niemals wirklich zum Engpaß werden, müssen sie deutliche Überkapazitäten haben.

Das ist auch aus einem anderen Grund logisch:
Bedenken Sie, welche Mühen und Methoden seit über 40 Jahren angewendet werden, um die Zeiten für die Wertschöpfer zu reduzieren und ihre Arbeitsplätze bedarfsgerecht zu dimensionieren. Dies alles haben die GMK-Mitarbeiter noch gar nicht erlebt.

Oder: Wann hatten Sie das letzte Mal eine Samstagsschicht in einem nicht direkt in den Leistungsprozeß integrierten GMK-Bereich?

9.1 Dimensionieren Sie auch Ihre Gemeinkosten-Arbeitsplätze

Wie Sie im Kapitel 4.3.1, Seite 82 nachlesen können, erstellt die Prozeß-Simulation aus Ihren Stücklisten und Arbeitsplänen (Abb. 28, Seite 84) sogenannte Prozeßstrukturen (Abb. 29, Seite 86)

Bei der Prozeßstruktur erkennen Sie sofort den Prozeßcharakter.

Der Inhalt der Prozeßstrukturen ist zunächst identisch mit jenen Ihrer Stücklisten und Arbeitspläne.

In den Arbeitsplänen fehlen leider die vielen Gemeinkostenvorgänge. Deshalb können diese jetzt noch nicht in den Prozeßstrukturen enthalten sein.

Stellen Sie sich nun vor, es würde gelingen, auch die Gemeinkostenvorgänge in die Prozeßstrukturen zu bringen.

- Dann können Sie die Kapazitäten der Gemeinkosten-Arbeitsplätze (z. B. Versand) genauso bedarfsgerecht dimensionieren wie die Arbeitsplätze „Schleifen", „Bohren" und „Fräsen".

Genau das können Sie tun. Mit einem Expertensystem können Sie jetzt sämtliche ertragsrelevanten Gemeinkosten-Vorgänge in jene Prozeßstruktur schießen, die wir vorher aus Ihren Stücklisten und Arbeitsplänen generiert hatten. Es entstehen Prozeßstrukturen incl. ihrer Gemeinkostenvorgänge (Abb. 54, Seite 176).

Jetzt kann die Prozeßsimulation auch für alle GMK-Arbeitsplätze im voraus den tatsächlichen Kapazitätsbedarf ermitteln. Endlich können auch die GMK-Arbeitplätze auf den tatsächlichen Kapazitätsbedarf heruntergefahren werden.

Jeder mag für sich abschätzen, welchen Einsparungseffekt 40 Jahre Dimensionierung und Rationalisierung der Wertschöpfer-Arbeitsplätze gebracht haben. Ähnliche Reserven stecken auch in den GMK-Arbeitsplätzen.

9.2 Vereinfachen Sie Ihre Leistungsprozesse mit der Wertanalyse

Die Prozeßstrukturen inkl. ihrer GMK-Vorgänge können von der Prozeßsimulation ausgeplottet werden.

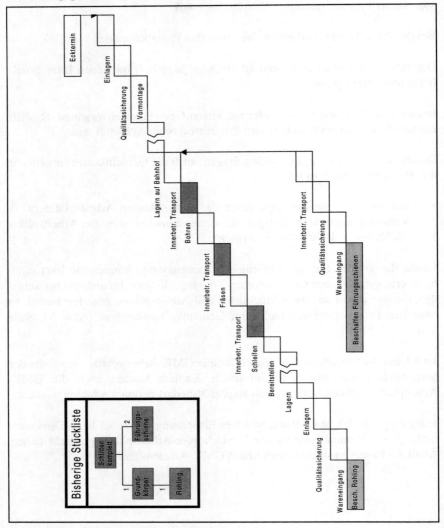

Abb. 54: Prozeßstruktur inkl. GMK-Vorgänge

Stellen Sie sich vor, Sie sehen den gesamten Leistungsprozeß eines Ihrer A-Produkte erstmalig objektiv visualisiert vor sich. Sie sehen grafisch überzeugend dargestellt:

- Die allermeisten Vorgänge, mehr als 80%, sind GMK-Vorgänge.

- Die Vorgänge, die die mittlere Durchlaufzeit vom Wareneingang bis zum Versand bestimmen, sind GMK-Vorgänge, zuvorderst „Lagerzeiten".

- Sie müssen sich Mühe geben, die wenigen kurzen Wertschöpfungsvorgänge in dem meterlangen Plotterbild zu finden. Sie erinnern sich an das Verhältnis Wertschöpfung (<5%) und Liegezeiten (>95%).

- Sie erkennen, wie extrem Ihnen die sogenannten wirtschaftlichen Losgrößen die Durchlaufzeiten verderben.

- Sie werden erstaunt sein über viele unnötige Umwege, die vielen Einzeloptima.

- Sie werden sich fragen: „Warum ...“

Warum geben wir eigentlich so viel Geld aus für Vorgänge, die den Wert des Produktes um keinen Pfennig erhöhen?

Was fangen Sie mit diesen wertanalytischen Erkenntnissen an? Was werden Sie sofort tun?

Sofort werden Sie unnötige, teure oder zu lange dauernde Vorgänge entfernen, verkürzen, mindestens aber versuchen, sie billiger zu bekommen.

Wie bei der Wertanalyse der Produkte werden Sie erstens fragen:

- Wie können wir diese üblen wertlosen Vorgänge überflüssig machen?

Nur für jene, die nicht oder noch nicht überflüssig gemacht werden können, ist die zweite Frage erlaubt:

- Wie können wir diese noch unverzichtbaren wertneutralen Vorgänge rationalisieren oder billiger beschaffen?

Sie beginnen mit der Wertanalyse Ihrer Leistungsprozesse. Sie sehen z. B. in einem Zweig der Prozeßstrukturen den unnötigen Umweg einer Komponente über Einlagerung, Lager, Auslagerung und Transport (Abb. 55) und entscheiden sich für den viel kürzeren Weg direkt auf einen Bahnhof beim ersten Arbeitsplatz. Jetzt haben Sie die Anzahl der Vorgänge halbiert, sind viel schneller geworden und haben die Kosten nachhaltig reduziert.

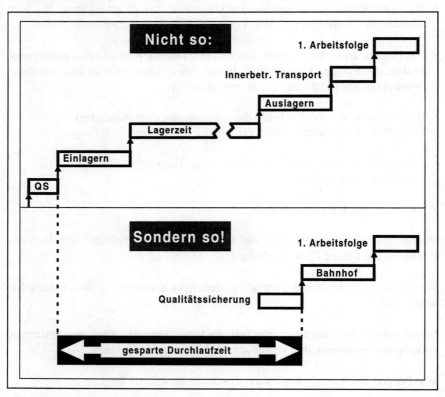

Abb. 55:   **Prozeßstrukturen zeigen teure Abläufe auf zur Wertanalyse der Prozesse**

Endlich haben Sie und Ihre aufgeschlossenen Mitarbeiter die Chance, nicht nur die weitverbreitete Wertanalyse der Produkte, sondern auch die Wertanalyse der Leistungsprozesse zu praktizieren.

Einzelfertiger fügen ihre Vorgänge wie „Konstruieren", „Arbeitspläne erstellen", usw. über Grafiksoftware hinzu.

9.3 Identifizieren Sie Ihre Kostentreiber

Eine weitere wirksame Möglichkeit zur Kostenreduzierung ist die Entdeckung Ihrer Kostentreiber.

Kostentreiber sind jene GMK-Vorgänge, die so oft vorkommen und/oder so teuer sind, daß sie einen interessanten Anteil der Gemeinkosten ausmachen. Es ist besonders lohnend, diese zu beseitigen.

Mit einem entsprechenden EDV-Programm können Sie aus Ihren in einem Zeitraum hergestellten und/oder gelieferten Produkten ermitteln, wieviele Vorgänge pro Vorgangsart nötig waren, alle diese Leistungen zu erbringen.

Es entsteht eine Riesendatei, die alle diese Einzelvorgänge enthält. Aus dieser Datei holen Sie analog der ABC-Analyse erzeugnisbezogen jene Vorgangsarten heraus, die in ihrer Summe besonders hohe Gemeinkosten verursachen. Diese werden Sie zu allererst angreifen.

Die soeben beschriebene Methode können Sie ebenfalls dazu verwenden, Vorgänge, die Sie mit besonderer Priorität reduzieren wollen, noch stärker in den Focus der Verantwortlichen zu treiben.

Nehmen Sie z. B. an, Sie wollen Ihre Durchlaufzeiten unbedingt drastisch reduzieren.

Was können Sie jetzt tun? Sie erhöhen z. B. den Vorratszins um das 3-fache. Sofort werden sämtliche Lager-, Liege- und Wartezeiten um das 3-fache teurer. Sofort rücken sie in der Kostentreiberanalyse nach vorn und damit nachhaltiger in den Focus Ihrer Verantwortlichen.

Welche Vorgänge Sie auch immer reduziert haben wollen, machen Sie sie künstlich teurer, lassen Sie Ihre Mitarbeiter Anteil haben am erzielten Zusatzertrag, und zumindest alle hier relevanten Mitarbeiter werden sich „Ihren Kopf zerbrechen", wie sie diese Vorgänge reduzieren oder wenigstens billiger leisten können.

9.4   Was haben Sie von der permanenten Gemeinkosten-Wertanalyse?

Das Ertragspotential von deutlich mehr als 10% Ihrer Gemeinkosten erschließen Sie sich nach dem in Abb. 56 dargestellten Weg:

*   Sie wandeln die unechten Gemeinkosten um in wertneutrale Einzelkosten, mit denen Sie – nebenbei gesagt – Ihre Produkte wesentlich sicherer kalkulieren können, wenn Sie wollen.

*   Diese bisher intransparenten unechten Gemeinkosten sind jetzt sehr transparente Einzelkosten. Diese senken Sie mit den drei beschriebenen Methoden
    *   Dimensionierung der Gemeinkosten-Arbeitsplätze
    *   Wertanalyse der Prozesse und
    *   Kostentreiberanalyse

In der Abb. 56 ist vorsichtig eine mögliche GMK-Reduzierung von 10% angenommen, die unmittelbar Ertragsgewinn darstellt. Wenn Sie das für Ihr Unternehmen ausrechnen, bekommen Sie eine konkrete Vorstellung von diesem Nutzenpotential.

Der Unterschied zur herkömmlichen Methode: Seit vielen Jahren kennen wir die bisher praktizierte Gemeinkosten-Wertanalyse. Von den hierauf spezialisierten Beratern wird empfohlen, diese etwa alle 3 Jahre durchzuführen, da die GMK stets wieder steigen (Abb. 57, Seite 182). Die Vor- und Nachteile dieser Methode sollen hier nicht vertieft werden.

In der Anwendung der o.a. Methode werden Sie erfahren, daß die **permanente Wertanalyse der GMK-Vorgänge** eine ganz andere Qualität darstellt. Sie ist ständig aktiv. Ihre Ergebnisse sind objektiv für jeden nachvollziehbar. Durch die ständige Dimensionierung der GMK-Stellen analog zu „Schleifen, Bohren, Fräsen" bleiben einmal reduzierte Gemeinkosten unten und werden permanent – wie bei den Wertschöpfern seit 40 Jahren erlebt – weiter gesenkt (Abb. 57).

Sie praktizieren jetzt die intelligente, permanente Gemeinkosten-Wertanalyse.

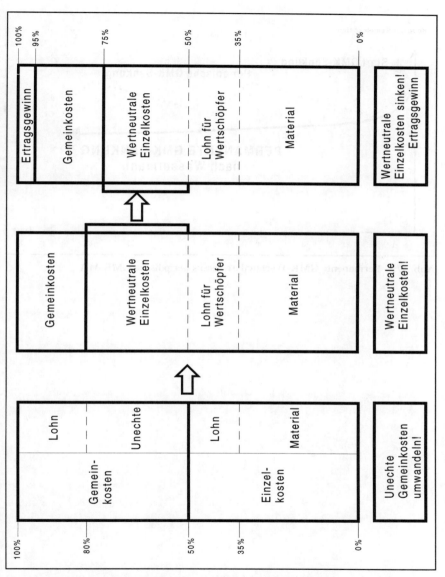

Abb 56: **Die Wirkung der permanenten Gemeinkosten-Wertanalyse**

182

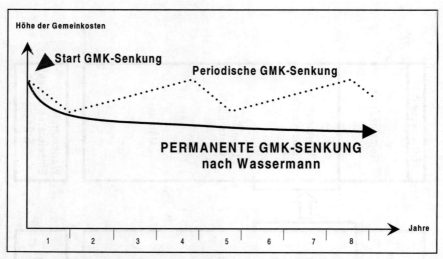

Abb. 57: **Permanente GMK-Wertanalyse versus periodische GMK-WA**

10. Ertragspotential Software-Landschaft

Noch immer entscheidet sich die allermeisten industriellen Software-Anwender für den Einsatz von flächendeckenden, hochintegrierten Software-Systemen aus einem Haus, also von einem Software-Hersteller.

Hohe Integration und komplexe Zusammenhänge der Module, sowie relativ große Rechnerkapazitäten mögen das 'Image' einer EDV-Abteilung durchaus erhöhen. Aber ist das wirklich ein Weg, der die Investitionen lohnt und Ihrem Unternehmen seine individuelle Flexibilität erhält oder gar fördert?

Auch wenn z. Zt. (1996) viele diesen Weg gehen, muß er dennoch nicht der richtige sein.

Sollten Sie selbst geneigt sein, sich für eine hochintegrierte Software-Landschaft zu entscheiden, fragen Sie sich bitte, wie weit die Ergebnisse einer umfassenden Software-Studie – konzentriert auf diese Frage – zutreffen:

• Keine neuen Organisationsansätze bei diesen Software-Anbietern, betriebswirtschaftliche Standardlösungen sind integriert.

• Leistungsprozeß und Wertschöpfung stehen nicht im Mittelpunkt

• Kein betriebswirtschaftlicher Quantensprung

• Ausrichtung primär auf die Software-Funktionalität

• Hohe Integration, keine Individualität

• Sehr lange Einführungszeiten (Aktivitätenorientierung)

• Hohe Kosten

• Software-Know-How und Gesamtsystem sind nicht überschaubar

Die Tatsache, daß sich z. Zt. immer noch viele Unternehmen für die hochintegrierte Software-Landschaft entscheiden, ist die Chance für die intelligenten Unternehmer, die diese strategisch bedenkliche Entscheidung erkennen und einen anderen, wesentlich effizienteren Weg einschlagen, der sie obendrein strategisch viel besser sichert.

10.1   Die Ziele des intelligenten Unternehmers

Er weiß:

Bei vergleichbarem Leistungsangebot mehrerer Wettbewerber entscheiden die logistischen Eigenschaften das Überleben eines Unternehmens.

Eigenschaften wie

* Termintreue
* kurze Lieferzeiten
* hohe Flexibilität und
* günstige Preise.

Es geht also darum, sich gerade in diesen Eigenschaften von den Wettbewerbern positiv abzuheben.

Die Planung, Disposition und Steuerung des gesamten Leistungsprozesses, von der Auftragsgewinnung bis der Kunde die einwandfreie Leistung erhalten hat (Abb. 1, Seite XVII), ist so transparent, flexibel und schnell zu gestalten, daß dabei ein echter Wettbewerbsvorsprung herauskommt.

Es ist also jene Software-Landschaft zu konfigurieren, die am besten geeignet ist,

* Ihre gewollte Unternehmensphilosophie zu realisieren,
* Ihr individuelles flexibles Auftreten am Markt zu unterstützen und
* diese Leistungen mit möglichst geringem Aufwand zu erbringen.

10.2   Ein praxiserprobter Lösungsweg

Wenn es um die richtige Anwendungssoftware geht, ist wie bei anderen wichtigen unternehmerischen Entscheidungen zu fragen:

Was trägt am meisten dazu bei, das Unternehmen schneller, besser und ertragreicher zu machen als die Wettbewerber?

Aus dieser Fragestellung leitet der Unternehmer zunächst ab, welche betriebs-wirtschaftlichen Funktionen überhaupt kunden- und ertragsrelevant <u>sind</u>. Denkt er an die rein administrativen Funktionen, noch dazu vom Gesetzgeber vorgeschriebene, wie Finanzbuchhaltung und Netto-Lohnabrechnung, so kann er dort beim besten Willen keine Möglichkeit erkennen, sich in Schnelligkeit, Flexibilität, Einfallsreichtum und Ertragskraft von den Wettbewerbern zu unter-scheiden.

Demgegenüber sind alle Funktionen, die hohe Flexibilität am Markt sowie schnelle und termintreue Lieferfähigkeit unterstützen, offensichtlich in höch-stem Maß relevant für Wettbewerbsfähigkeit und Ertragskraft.

Was wird der Unternehmer also tun? Er wird zunächst **differenzieren zwischen**

• **rein administrativen**, z. T. vom Gesetzgeber vorgeschriebenen **Funktionen**, und

• den wirklich **ertrags-** und **kundenrelevanten Funktionen**.

Dem Unternehmer wird es schwerfallen, ein flächendeckendes Software-System zu finden, welches einerseits die administrativen Funktionen und die gesetzlich vorgeschriebenen „betoniert" und andererseits seinen wettbewerbsentscheidenden Funktionen höchstmögliche Flexibilität gibt.

Beachte: Die hohe Integration flächendeckender Software betoniert leider auch die kunden- und ertragsrelevanten Funktionen. Damit kann jemand, der sich im echten Wortsinn als Unternehmer versteht, natürlich überhaupt nicht einverstan-den sein. Er müßte damit leben, daß er durch seine Software nicht besser unter-stützt wird als jeder andere Wettbewerber, der genau die gleiche Software im Einsatz hat.

Was wird der Unternehmer also tun?

Für die gesamten administrativen Abläufe wie Bestandsführung, Bestellschrei-bung, Fakturierung, Rechnungsprüfung, mit denen er sich vom Wettbewerber nicht wesentlich unterscheiden kann, und für jene Funktionen, die ohnehin gesetzlich vorgeschrieben sind, wird er ein bewährtes Softwarepaket eines zu-verlässigen Herstellers kaufen. Damit hat er keine Probleme. Wahrscheinlich ist dieses mehrfach von Wirtschaftsprüfern testiert, so daß ihm hier Arbeit und Ärger erspart bleiben.

Für jene Funktionen aber, mit denen er der Konkurrenz davonlaufen kann, wird er eine Software wählen, die seine besten Mitarbeiter in der Auftragsabwicklung und im intelligent gestalteten Materialfluß nachhaltig unterstützt. Er wird nicht akzeptieren, daß kundenrelevante Entscheidungen vom Software-System getroffen werden. Dazu verlangt der Markt heute viel zuviel Fingerspitzengefühl.

Dazu spielen die unterschiedlichen Kulturen der Unternehmen eine zu wichtige Rolle. In den wettbewerbsentscheidenden Funktionen wird er sich also für jene Organisation und Software entscheiden, die ihm den größtmöglichen Wettbewerbsvorsprung und Ertrag verspricht. Das führt zu 'Mixed Software'.

10.3   Ist Mixed Software zu verantworten?

Die heutige Diskussion über Mixed Software erinnert uns sehr an die Diskussion der 60er Jahre über Mixed Hardware – heute überhaupt kein Thema mehr.

Genau so selbstverständlich und lukrativ wie seit Jahrzehnten die Mixed Hardware wird in wenigen Jahren die Mixed Software sein. Sie ist bereits heute weit verbreitet und findet immer mehr überzeugte Anhänger.

Die bereits bei der „Mixed Software"-Diskussion verteufelten sogenannten Schnittstellen – wir nennen sie „Brückenprogramme" – sind nicht nur gut beherrschbar, sondern ermöglichen, in diese Brückenprogramme individuelle Zusatzfunktionen hineinzuprogrammieren, die Ihrer Software-Landschaft eine zusätzliche Überlegenheit geben können.

Brückenprogramme von einem Anwendungsmodul zu einem anderen können durch Zusatzfunktionen u.a. folgendes leisten:

• Sie können Daten interpretieren

• Sie lassen nur relevante Daten durch

• Sie fügen logisch – z. B. mittels Entscheidungstabellen – Daten hinzu

• Sie ergänzen Arbeitsfolgen in Arbeitsplänen um Bereitstellungs-, Transport-, Versandvorgänge, usw.

- Sie erstellen Parallel-Arbeitsgänge für die Personalbedarfsplanung

- Sie berechnen im Folgemodul benötigte Ergebnisse, z. B. Umrechnung von Maßeinheiten (kg in cm).

- Sie filtern Daten heraus, z. B. bei Ein-, Auslaufterminen

- Sie führen Vollständigkeits- und Plausibilitätsprüfungen durch

- Sie schotten teilautarke Systeme ab. Damit wird verhindert, daß sich Datenfehler sofort und ungeprüft durch die gesamte Software-Landschaft ziehen, usw.

Sie erkennen, daß Sie mit diesen von Ihnen selbst bestimmten Zusatzfunktionen Ihre Software-Landschaft nicht nur übersichtlich und beherrschbar gestalten können. Vielmehr haben Sie die Chance, Ihre Software-Landschaft sehr individuell und intelligent zu gestalten und bei Bedarf zu verändern.

Damit schaffen Sie sich eine strategische Überlegenheit, die Ihr Wettbewerber mit seinem hochintegrierten und komplexen System gar nicht realisieren kann. So hat er gar keine Chance.

Der intelligente Unternehmer ist nicht bereit, wegen der integrierten Software Kompromisse in wettbewerbsentscheidenden Funktionen einzugehen.

Deswegen bauen sich wahre Unternehmer jene Software-Landschaft, mit der sie den Wettbewerbern am schnellsten davonlaufen können. Die Landschaft besteht in der Regel aus:

- Wertvollen vorhandenen Bausteinen. Darin steckt häufig viel individuelle, für Ihr Unternehmen und Ihre Kunden wertvolle Leistung. Warum sollten Sie diese verlieren?

- Für die Administration sichere, testierte Software mit betonierten Abläufen, durchaus aus einem Haus. Die zunehmend interessante Alternative ist die Verlagerung eines Teils dieser Leistungen außer Haus.

- Dort, wo er sich vom Wettbewerber positiv unterscheiden kann, z. B. im Y- Management, die dafür am besten geeignete Software.

188

Diese „Zukunft" ist für viele Unternehmen bereits heute lukrative Realität (Abb. 58).

Wir praktizieren diesen Weg seit mehr als 10 Jahren und unsere Kunden wissen diesen Weg zu schätzen.

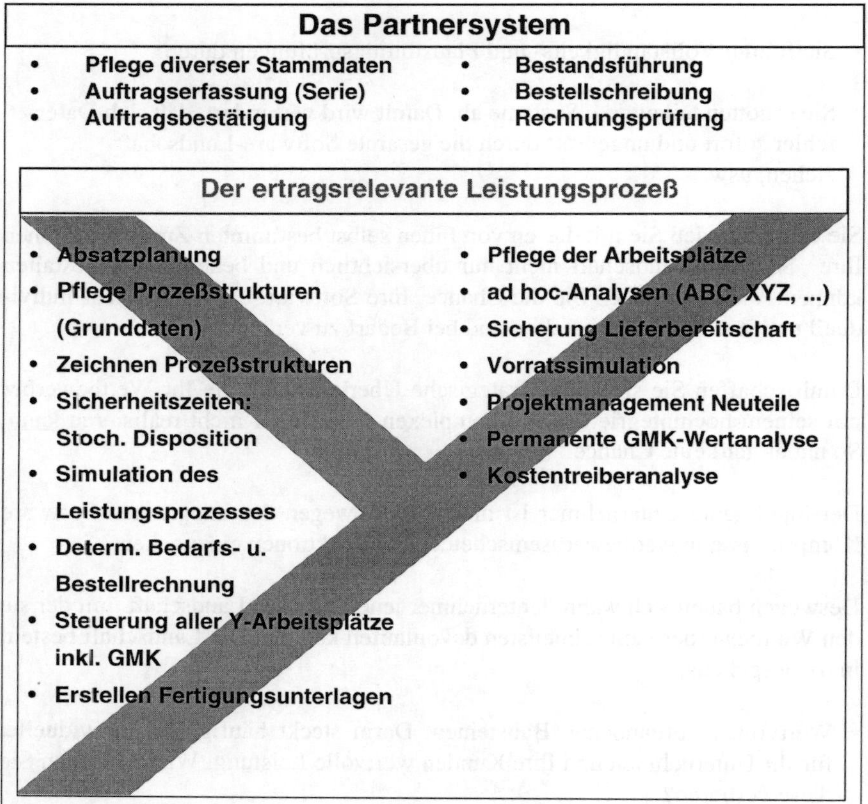

Das Partnersystem

- Pflege diverser Stammdaten
- Auftragserfassung (Serie)
- Auftragsbestätigung

- Bestandsführung
- Bestellschreibung
- Rechnungsprüfung

Der ertragsrelevante Leistungsprozeß

- Absatzplanung
- Pflege Prozeßstrukturen
  (Grunddaten)
- Zeichnen Prozeßstrukturen
- Sicherheitszeiten:
  Stoch. Disposition
- Simulation des
  Leistungsprozesses
- Determ. Bedarfs- u.
  Bestellrechnung
- Steuerung aller Y-Arbeitsplätze
  inkl. GMK
- Erstellen Fertigungsunterlagen

- Pflege der Arbeitsplätze
- ad hoc-Analysen (ABC, XYZ, ...)
- Sicherung Lieferbereitschaft
- Vorratssimulation
- Projektmanagement Neuteile
- Permanente GMK-Wertanalyse
- Kostentreiberanalyse

- Fakturierung
- Lieferscheine, Versand-Papiere
- Lohn- und Gehaltsabrechnung

- Finanzbuchhaltung
- Kostenrechnung
- ....

Abb. 58:   Die effiziente Software-Landschaft

10.4   Die höchst lukrative Realisierung

Abhängig vom Organisationsstand eines Unternehmens sind sicher unterschiedliche Wege zu dieser Mixed Software denkbar.

Üblicherweise bietet sich folgender höchst lukrativer Weg an, der seine Software-Investitionen selbst bezahlt und sich in der Praxis bestens bewährt hat:

- Zunächst nutzen Sie weiterhin Ihre für die Administration vorhandenen Software-Systeme. Meistens ist die schnelle Ablösung dieser Systeme garnicht notwendig. Welche betriebswirtschaftlichen Quantensprünge wollen Sie mit neuer administrativer Software machen?

- Kurzfristig ersetzen Sie Ihre bisher im Leistungs-Ypsilon eingesetzten Software-Bausteine durch z. B. die Prozeß-Simulation und Ihre Zusatzmodule für Disposition, Y-Steuerung, Prognosen, Vorratspolitik, GMK-Senkung, ..., oder andere Sie überzeugende Module.

- Diese Module bringen Ihnen dann das Geld, mit dem Sie Zug um Zug – ohne Zeitnot – jene administrativen Altsysteme ersetzen, die Sie – z. B. wegen auslaufender Wartung – austauschen müssen.

10.5   Nutzenbetrachtung

Durch diese ingenieurmäßig gestaltete Software-Landschaft können Sie für jede kunden- und/oder ertragsrelevante Anwendung die beste am Markt angebotene Software einsetzen. Gemeinsam mit Ihren besten Fachleuten suchen Sie diese aus. Die Funktionen jedes Moduls in Ihrer Software-Landschaft sind Ihren Mitarbeitern bekannt. Ergänzt durch die Brückenprogramme gestalten sie intelligente Lösungen für Ihre Kunden und Ihren Ertrag.

Sie vermeiden die strategisch gefährliche Systemgläubigkeit jedes Wettbewerbers, der sich für ein komplexes, hochintegriertes Gesamtsystem entschieden hat, das seine Mitarbeiter nicht durchschauen.

Ein mittelständischer Unternehmer brachte seine Entscheidung, das jeweils bestgeeignete Software-Modul für seine kunden- und ertragsrelevanten Anwendungen einzusetzen, auf den Punkt:

„Ich freue mich über jeden Wettbewerber, der sich für eine hochintegrierte, möglichst alle Funktionen des Unternehmens abdeckende Software entscheidet, denn:

- Seine besten Mitarbeiter sind jahrelang durch dieses Vorhaben gebunden

- Auch in kunden- und ertragsrelevanten Einzelleistungen seines Hauses muß er ärgerliche Kompromisse eingehen

- Er investiert viele Millionen DM und belastet sich mit hohen laufenden Kosten

- Seine Mitarbeiter durchblicken diese komplexe Software nicht und werden daher systemgläubig

- Die endlich realisierten Abläufe betonieren seine kunden- und ertragsrelevanten Abläufe. Die individuelle Gestaltung gerade dieser Abläufe wird ihm nachhaltig erschwert."

Quintessenz:

Auf diesem Weg gestalten Sie sich in überschaubaren Stufen für viel weniger Geld und deutlich weniger Aufwand Ihre individuelle, von Ihren Mitarbeitern beherrschte, dem o.a. Wettbewerber weit überlegene Software-Landschaft.

11. Wirtschaftlichkeitsbetrachtungen

Reorganisationsprojekte dieser Art greifen genau dort, wo das größte Ertragspotential in den Unternehmen steckt, im LEISTUNGSPROZESS auf dem Leistungs-Ypsilon, im Auftragsdurchlauf und Materialfluß.

Wenn Sie an die behandelten Potentiale denken und diese erinnern, wird deutlich:

• Termintreue setzt rückstandsarme Leistung voraus. Das im Rückstand gebundene Kapital in Vorräten (30% der aktiven Vorräte) verschwindet.

• Halbierte Durchlaufzeiten halbieren die aktiven Vorräte. Überschlagen Sie allein den gewonnenen Zins!

• Halbierte Lieferzeiten und Termintreue machen Sie am Markt stärker. Mehr Umsatz? Bessere Preise? Weniger Verzugsstrafen?

• Termintreue Davids liefern sich synchronisiert im Kunden-/Lieferantenverhältnis zu. Rechnen Sie mit mindestens 10% zusätzlicher Produktivität!

• Sie werden mit deutlich weniger Hierarchie auskommen. Das sind nicht nur die Personalkosten. Sie werden obendrein schneller und flexibler!

• Der Krankenstand sinkt, weil den Mitarbeitern die Arbeit wieder mehr Spaß macht.

• Die Gemeinkosten sinken ständig, die Kostentreiber sind identifiziert.

• Die Software-Landschaft ist als strategische Waffe effizient und transparent gestaltet.

• Ein unternehmerisches Entlohnungssystem setzt die brach liegende Produktivität der Basis frei.

• Die gewollte Steuerung aller Bestände inkl. der Sicherheitsbestände und Losgrößen wird die verbliebenen Vorräte noch einmal um mindestens 30% senken. Welche weitere Zinseinsparung?

- Das ökonomische Prinzip ist in Ihrem Unternehmen begriffen. Die Ressourcen werden systemimmanent immer flexibler. Sie finden immer mehr zu jenem Auftragsmix, der Ihnen den größtmöglichen Ertrag bringt.

- Mit Ihrem Prozeßmanagement haben Sie das ständige Tuning Ihres gesamten LEISTUNGSPROZESSES institutionalisiert. Das PM sorgt ständig für kreative, ertragsmaximierende Unruhe im Unternehmen. Zunehmend denken alle kundenorientiert in Prozessen.

Sie können jetzt die Stärken des größeren Unternehmens (Goliath) mit der Beweglichkeit des kleinen Unternehmens (David) kombinieren.

Endlich können Sie im Wettbewerb mit Ihrer ganzen Markt- und Finanzmacht ähnlich schnell, flexibel, produktiv und kostengünstig wie ein Kleinunternehmen agieren.

Sie haben zu der jetzt erreichten Beweglichkeit des kleinen Davids zusätzlich die Vorteile des mächtigen finanzstarken Goliath. Sie bekommen billigere Kredite als die Kleinen, zahlen weniger für Ihre Zukaufteile und verfügen über einen Verkauf, der den Markt kennt. Der Markt kennt Sie und schätzt Ihr Unternehmen.

Können Sie sich vorstellen, welches Unternehmen – so organisiert – schneller, flexibler und ertragsstärker sein sollte als das Ihre?

Sie werden längst erkannt haben, daß allein die zu erwartenden, quantifizierbaren Nutzen so interessant sind, daß die Kosten der Umorganisation dagegen verblassen. Sie betragen erfahrungsgemäß deutlich weniger als die quantifizierbaren Nutzen eines halben Jahres.

Wenn organisatorische Investitionen im Wettbewerb zu Maschinen- oder Entwicklungs-Investitionen stehen, sollten Sie sich die strategische Dimension von Verfahrensinnovationen vor Augen führen.

- Produktinnovationen lassen sich relativ schnell kopieren.

- Verfahrensinnovationen bieten dagegen dauerhafte, strategische Wettbewerbsvorteile. Sie werden nicht schon im voraus, etwa aus Patentschriften bekannt, sondern erst, wenn die Kunden reagieren.

- Verfahrensinnovationen sind wesentlich schwerer und langwieriger zu kopieren.

- Ganz besonders hervorzuheben ist die deutliche Veränderung der Unternehmenskultur. Die Menschen, insbesondere die Mitarbeiter im Leistungsprozeß und die jung gebliebenen qualifizierten Führungskräfte, werden aufgewertet. Es macht ihnen viel mehr Spaß, ihre Arbeit zu tun und ihre Ideen einzubringen.

Trotzdem können Sie nicht ganz ausschließen, daß Sie ein Wettbewerber mit einer noch attraktiveren Leistung, als Sie sie bieten, vorübergehend überholt.

Mit Ihrem die Menschen in den Vordergrund stellenden, intelligenten Unternehmen haben Sie die besten Chancen, diesen Vorsprung Ihres Wettbewerbers sehr schnell auszugleichen und ihn nun Ihrerseits mit Ihrem Vorsprung zu überraschen.

Die Investition für das intelligente Unternehmen amortisiert sich in wenigen Monaten. Wenn Sie ernsthaft überlegen, diesem intelligenten Unternehmen eine echte Chance zu geben, sehen Sie bitte mindestens gleichgewichtig die besondere strategische Chance, die in Ihrem intelligenten Unternehmen steckt.

12.   Der kurze Weg zur Realisierung

Sie haben inzwischen die wesentlichen Maßnahmen für das Ziel:

Das intelligente Unternehmen

studieren können, wie z. B.:

* Prozeßmanagement einrichten
* Prozeßsimulation installieren
* Davids als kleine Unternehmer bilden
* Unternehmerisches Entlohnungssystem einführen
* Flache Ziel-Aufbauorganisation einführen
* Permanent Gemeinkosten senken
* Aktives Bestandsmanagement realisieren
* Zum ertragsmaximierenden Auftragsmix finden

Sie werden erkannt haben, daß jede Einzelmaßnahme für sich genommen nicht komplex ist. Jede ist logisch, einfach zu verstehen und damit auch schnell zu realisieren.

Natürlich sollten Sie sich überlegen, in welchen Stufen Sie welche Maßnahmen durchführen.

Dazu sollte das Gesamtvorhaben in mehrere Stufen aufgeteilt werden, z. B.:

* Erstellen realisierungsfähiges Gesamtkonzept: Dieses sollte in maximal drei Monaten stehen.

* Einrichten Prozeßmanagement: Diese Aktivität wird vom Zeitbedarf dadurch bestimmt, daß die dafür am besten geeignete Person identifiziert und freigestellt werden muß. Das kann in wenigen Wochen erledigt sein.

* Inbetriebnahme der Prozeßsimulation: Dieses sollte eine Standardsoftware sein, die nicht angepaßt werden muß. Sie muß lediglich aus der bestehenden EDV-Welt mit den benötigten Daten versorgt werden. Das Erstellen der EDV-Brückenprogramme ist in max. drei Wochen abgeschlossen. Dann kann der erste Simulationslauf gestartet werden. Mit Sicherheit kann das PM inkl. Simulation drei Monate nach dem Projektstart arbeitsfähig sein, denn diese Aktivität kann parallel zur Konzeptfindung erfolgen.

- Drei Monate nach dem Projektstart kann das PM mit der Harmonisierung des Leistungs-Ypsilons – des gesamten LEISTUNGSPROZESSES – beginnen.

- Nach drei weiteren Monaten sollte die Ressourcen-Harmonisierung inkl. Rückstandsbeseitigung gelungen sein. Die Machbarkeit aller Aufträge ist jetzt gesichert. Die nahezu 100%-ige Termintreue ist erreicht. Die Produktivität steigt jetzt um einen 2-stelligen Prozentsatz.

- Jetzt – also sechs Monate nach Projektstart – können die Arbeitsgruppen und der Einkauf mit den operativen synchronisierten und rückstandsfreien Arbeitsvorräten versorgt werden

- Nach insgesamt sechs Monaten erfrischender Projektarbeit beginnt die systematische Reduzierung der Durchlaufzeiten bereits als erste Aktivität in der nie mehr aufhörenden Tuningphase des Leistungsprozesses. Gemeinsam mit jenen Stellen im Hause, bei denen das größte Ertragspotential vermutet wird, werden diese Potentiale konsequent realisiert.

Dann widmet sich das PM den weiteren ebenfalls lukrativen Maßnahmen wie

- Permanente Gemeinkostenreduzierung
- Flache Ziel-Aufbauorganisation
- Intensivere David-Aufwertung inkl. neues Entlohnungssystem
- Aktives Bestandsmanagement
- Ertragsmaximierendes Produktmix inkl. eventuellem flexiblen Provisions-system

Mutig und konsequent angegangen wird also die praktisch 100%-ige Termintreue in maximal sechs Monaten erreicht sein. Ständig sinkende Durchlaufzeiten werden Sie dann ab dem siebten Monat nach Projektstart erwarten können.

Ganz besonders zu betonen ist die Chance, die hoch lukrative Tuningphase nach Einrichtung der neuen Organisation ganz ernsthaft und dauerhaft zu betreiben.

Seien Sie nicht zufrieden, wenn Ihre neue Organisation läuft. Jetzt nämlich, da Sie bereits auf dem richtigen Weg sind, sollte die Realisierung der vielen in Ihrem Unternehmen schlummernden Ertragspotentiale erst richtig losgehen.

Stellen Sie Ihren PM-Chef frei für Tuningaktivitäten in Ihrem Unternehmen! Wenn Sie die richtige Person ausgewählt haben, wird er Ihnen mit Ihren weiteren positiven Kräften Ihres Unternehmens auf viele Jahre erstaunliche Verbesserungen in Schnelligkeit, Flexibilität, Qualität und Ertrag einfahren.

Rechnen Sie aber auch damit, daß diese Person – der Chef Ihres PM – in dieser Funktion persönlich und fachlich sehr schnell wächst und „ministrabel" wird.

Die abschließende Frage: „Funktioniert diese einfache Logik?" brauchen Sie sich nicht mehr zu stellen. Der beschriebene, zuhöchst lukrative Weg ist in der Praxis zigfach erprobt.

Es bleibt nur die Frage an Sie:

„Wollen Sie das?"
Wenn ja, werden Sie es schaffen!

Die erfolgreichen PMs bestätigen ständig die These von Edward de Bono:

„Was wir tun, verhält sich zu dem,
was wir tun könnten, wie die Wellen
des Ozeans zu seiner unendlichen Tiefe!"

13.   Voraussetzungen für den Erfolg:

Die wichtigste Voraussetzung für den Erfolg ist die aktive, vorbehaltslose Unterstützung dieser neuen Organisation durch die Unternehmensführer.

Es darf im Unternehmen kein Zweifel aufkommen, daß die Unternehmensführung dieses intelligente Unternehmen zügig realisieren <u>will</u>.

Denn es werden Veränderungen der Ablauf- und Aufbauorganisation durchgeführt, die nicht jedem gefallen. Der Erfolg wird erfahrungsgemäß weniger durch sachliche Aufgaben als durch emotionale Widerstände aufgehalten.

Da gilt es seitens der Unternehmensführer aufzuklären und durchzuhalten. Unbelehrbare „Reichsbedenkenträger" müssen notfalls isoliert werden.

Sachliche Argumente, diesen Weg nicht zu gehen, sind dem Verfasser bisher nicht bekannt geworden.

Schließen wir mit der hier sehr gut passenden Antwort des Herrn Burda an seinem 70. Geburtstag auf die Frage:

"Was ist Erfolg?"

"Erfolg hat man mit einer guten Idee, mit dem Entschluß,
diese Idee zu realisieren, und der Kraft, die
ursprüngliche Idee zum Erfolg zu führen."

Wenn Sie diese Kraft aufbringen, werden Sie Ihren Wettbewerbern bereits innerhalb Jahresfrist in Ertrag, Schnelligkeit, Flexibilität und Produktivität davongelaufen sein. Eine positive, kämpferische, von Vertrauen getragene Kultur wird sich in Ihrem intelligenten Unternehmen immer weiter entwickeln.

14. Literaturverzeichnis

DE BONO, EDWARD
Denkschule - Zu mehr Innovation und Kreativität
mvg verlag
ISBN 3-478-07000-7

DEDERER, GÜNTER
Das leise Lächeln des Siegers
Was wir von Japan lernen können
Econ-Verlag
ISBN 3-430-12312-7

GOLDRATT, ELIYAHU M. / COX, JEFF
Das Ziel - Höchstleistung in der Fertigung
McGraw-Hill Book Company GmbH, 1984
ISBN 3-89028-077-3

GOLDRATT, ELIYAHU M. / FOX, ROBERT E.
The Race
North River Press, Inc., 1986
ISBN 0-88427-062-9

KAIZEN, MASAAKI IMAI
Der Schlüssel zum Erfolg der Japaner im Wettbewerb
Wirtschaftsverlag Langen Müller/Herbig, 1992

PETER, LORENZ
Das Peter-Prinzip oder die Hierarchie der Unfähigen
Rowohlt Taschenbuchverlag

VAHLFELD, HANS WILHELM
Japan - Herausforderung ohne Ende
Deutsche Verlagsanstalt
ISBN 3-421-06538-1

VERLAG WOLFGANG MEWES
Die kybernetische Managementlehre (EKS)

200

WASSERMANN, OTTO
Erfolgsfaktor Durchlaufzeiten
Verlag TÜV Rheinland, 1989
ISBN 3-88585-699-9

WOMACK, JAMES P. / JONES, DANIEL T./ ROOS, DANIEL
Die zweite Revolution in der Autoindustrie
Campus Verlag Frankfurt/Main, 1991
ISBN 3-593-34548-X